Eckhard J. Dittrich
Das Weltbild des Rassismus

Über dieses Buch

Bekenntnisse zu Demokratie, Gleichheit und Aufklärung haben nicht verhindern können, daß die zeitgenössische Landkarte politischer Konflikte noch immer solche rassistischen Charakter aufweist. Verteilungskonflikte auf dem Hintergrund weltweiter Wanderungs-, Flüchtlings- und Asylbewegungen sind dabei als Ursache genauso bedeutsam wie anthropologisch-biologische Grundannahmen über bestimmte Menschengruppen. Der weltweiten offenen oder latenten Virulenz rassistischen Denkens und rassistischer Konflikte steht keineswegs eine entsprechende intensive wissenschaftliche Bearbeitung dieses Themas gegenüber. Das vorliegende Buch versucht, dem entgegenzuarbeiten und Gründe für die bisherige unbefriedigende wissenschaftliche Auseinandersetzung mit rassistischen Konzeptionen aufzuzeigen. Dabei entwickelt der Autor die provozierende These, daß gerade das westlich-abendländische Denken mit seinen verschiedenen impliziten und expliziten Ordnungsmodellen, die auf einer angeblichen "Natur" des Menschen aufsitzen, systematische Begründungen für soziale Ungleichheit und damit für eine weltbildliche Fundierung des Rassismus geliefert hat.

Über den Autor

Eckhard J. Dittrich ist Hochschullehrer für Soziologie an der Universität Bielefeld. Arbeitsschwerpunkte: Industrie- und Betriebssoziologie, Technologiefolgenabschätzung, Migrations- und Minderheitensoziologie. Er ist Mitherausgeber des 1990 erschienen Bandes "Ethnizität. Wissenschaft und Minderheiten".

Eckhard J. Dittrich

Das Weltbild des Rassismus

Cooperative-Verlag Frankfurt am Main

Reihe: Migration und Kultur

Herausgegeben von Ursula Apitzsch, Micha Brumlik,
Eckhard J. Dittrich, Franz Hamburger, Frank-Olaf Radtke.

Als Habilitationsschrift auf Empfehlung der Soziologischen Fakultät der
Universität Bielefeld gedruckt mit Unterstützung der
Deutschen Forschungsgemeinschaft.

CIP-Kurztitelaufnahme
Dittrich, Eckhard J.:
Das Weltbild des Rassismus / Eckhard Joachim Dittrich. -
Frankfurt a. M.: Cooperative Verl., 1991
(Reihe: Migration und Kultur)
Zugl.: Bielefeld, Uni., Habil.-Schr., 1986
ISBN 3-88442-020-8

Gesamtherstellung:
AG Text & Publikation, Frankfurt am Main
Titelgestaltung unter Verwendung eines Motivs von Diego Rivera,
Wandbild Porträt Amerikas, New Workers' School, New York
ISBN 3-88442-20-8

Das Buch sei meinen Eltern gewidmet

Danksagung

Als ich vor zirka fünfzehn Jahren erste Vorstellungen zum Thema dieses Buches entwickelte, galt es noch als exotisch. Das hat sich heute geändert. Diese Entwicklung ist zu begrüßen, denn die Aufklärung über rassistische Elemente unseres Denkens und Handelns ist angesichts der sich steigernden Quantität und Qualität von auf ihnen beruhenden Konflikten von großer Dringlichkeit. Bei der Bearbeitung des Themas habe ich vielfältige Unterstützung erhalten. Für sie möchte ich mich an dieser Stelle bedanken. Zu nennen sind hier die Universitäten von Bielefeld und Madison, Wisconsin, sowie das John F. Kennedy-Institut der Freien Universität Berlin und der Deutsche Akademische Austauschdienst. Zu nennen sind weiter die Kolleginnen und Kollegen Ursula Apitzsch, Jack Barbash, Hans-Jürgen Daheim, Jürgen Feldhoff, Herbert Hill, Frank-Olaf Radtke, Gert Schmidt, Wilfried Schollenberger, Marianne Weiß, Eric Olin Wright.

Ein ganz besonderer Dank gilt meinen beiden Kindern, Lisa und Anna, sowie meiner Lebensgefährtin Bettina Sagebiel.

Bei den Schreibarbeiten haben mich Pirkko Duba, Elsbeth Tuxhorn und Pauline Worley unterstützt.

Die ursprüngliche Fassung der vorliegenden Arbeit ist Teil meiner Habilitationsschrift, die 1986 von der Fakultät für Soziologie der Universität Bielefeld angenommen wurde.

Inhalt

Kapitel 1

Vom begrifflosen Erkennen

"Da Menschen in ihren Nöten ohne Erklärungen nicht leben können, füllen Phantasieerklärungen die Lücken" (N. Elias, 1970, Was ist Soziologie, Frankfurt, S. 25)

Weltbilder sind die kulturbestimmten Leitideen ganzer Gesellschaften und Zeiten. Als Grundsätze der Lebensführung stehen sie unter dem Verdikt der Irrationalität, der Unmöglichkeit von Begründung. Angeblich akkumulieren sie das gesellschaftlich Unbewußte, jene Bestandteile des Selbstverständnisses von Menschen, das ohne Bewußtsein tradiert wird und nichtsdestotrotz geschichtsmächtig wirkt. Übersehen wird bei solchen Konzeptualisierungen, daß soziale Akteure Träger von Weltbildern sind und zwar nicht nur als deren Reproduzenten, sondern auch als Produzenten, die mit historisch gewachsenen Weltanschauungen eine neue soziale Realität schaffen. Bei dieser strukturierenden Tätigkeit sozialer Akteure werden jene Schematisierungen der Welt bearbeitet und geschaffen, die im Verlauf der kollektiven Geschichte als Weltbilder sich analytisch fassen lassen. Sie sind in der ihr eigenen Geschichte von Individuen zu erwerben und müssen "... sowohl in praxi wie für die Praxis funktionieren".[1]

Das heißt, ich gehe davon aus, daß Weltbilder, bei denen es "... um die letzten Grundlagen des Welt- und Selbstverständnisses der Menschen geht ...",[2] durchaus der Analyse zugänglich sind. Sie unterliegen nicht letztendlich dezisionistischen Wertentscheidungen. Würden Weltbilder zu einer Glaubenssache gemacht werden, so hätte das weitreichende Konsequenzen. Weltbilder, Weltanschauungen würden zu persönlichen Meinungen und Wertschätzungen, über die sich kaum diskursiv befinden ließe. Kampf und Gefolgschaft wären die Praxen, die unter ihren Bedingungen gefragt wären.[3] "Natürlich kann dann auch jede beliebige Ordnung legitimiert werden. Rein logisch läßt sich zu jeder Ordnung auch ihr letzter Wert finden. Wer die Macht hat, kann sich danach des guten Gewissens versichern, auch das Recht zu haben. Wer sie noch nicht hat, kann sicher sein, Recht zu haben, wenn er sie nur erst hat. Recht wird so in den Dienst der Gewalt, Vernunft in den Dienst der Unvernunft gestellt".[4] Wenn mit Weltbildern letzte Werte eingeführt werden, die sich der Hinterfragbarkeit entziehen, so muß zumindest deutlich sein, welche intellektuelle Operation dahinter steht: Begründungspflichtigkeit von Aussagen als Grundlage von Aufklärung abzuschaffen. In dieser Tradition steht diese Arbeit nicht.

Im Gegenteil, mit ihr wird versucht, die Begründungspflichtigkeit für ein Thema in Anspruch zu nehmen, das häufig in die Nähe von Irrationalität gerückt worden ist, das Thema Rasse/ Rassismus. Dieses Thema stand in den Sozialwissenschaften der jüngeren Zeit völlig am Rande, ein Zustand, der John Rex veranlaßte, von einem "professional scandal", einem Skandal der Profession, zu sprechen, denn angesichts des Panoramas rassistischer Auseinandersetzungen auf dem Erdball scheint die Vernachlässigung dieses Gebiets in den Sozialwissenschaften durch nichts gerechtfertigt.

Rasse ist eine Kategorie, die, wenn sie im Rassismus praktisch wird, strukturierende Wirkungen über Ein- und Ausschließungen entfaltet. Sie sorgt für Rangordnungen und Klassifikationssysteme entlang dessen, was jeweils als Rasse verstanden wird und legt somit Teilhaberrechte an sozialen Verhältnissen differentiell fest. Derartig konventionalisiert, werden aus den "... gesellschaftlichen Unterteilungen und Gliederungen ... das gesellschaftliche Weltbild organisierende Teilungsprinzipien. Aus objektiven Grenzen wird der Sinn für Grenzen, die durch Erfahrung der objektiven Grenzen erworbene Fähigkeit zur praktischen Vorwegnahme dieser Grenzen wird der sense of one's place, der ausschließen läßt (Objekte, Menschen, Orte etc.), was einen selbst ausschließt".[5] Das gilt auch für den Unterschiede produzierenden Rassismus, der auf diese Weise zu einem Bestandteil des abendländischen Weltbildes geworden ist und durch "begriffloses Erkennen" (Bourdieu) in seiner gesellschaftlichen Bedeutung fortgeschrieben wird. Das jahrelang verleugnet zu haben, macht den Skandal der Profession Soziologie aus.

Im folgenden soll eine weltbildliche Analyse des Rassismus gegeben werden. Die Argumentation wird dabei auf zwei Ebenen entfaltet.

Zunächst versuche ich die innere Logik des rassistischen Weltbildes zu analysieren, seinen Kern darzustellen, der für mich in einer spezifischen Naturalisierung sozialer Tatbestände liegt. Dann versuche ich die zentralen Elemente des modernen, wissenschaftlichen Rassismus als Typus einer Herrschaftstheorie in ihrer Entwicklung des abendländischen Denkens zu verorten. Der Rassegedanke wie die Vorstellung von Religion - übrigens thematisiert die Tiefenstruktur der Welt, "um dem Menschen ebenso die Welt, wie sich selbst in ihr verständlich zu machen".[6]

So wissenschaftlich sich der Rassismus in seinen modernsten Varianten auch geben mag, immer geht es um Ordnungsbeziehungen, die gleichermaßen reale wie gedachte Welt begründen. In ihnen werden wissenschaftliche und alltägliche Auffassungen verschränkt. "Unterhalb der Ebene eines konsolidierten Systems von Wissen auch auf den höheren Abstraktionsebenen haben Natur- und Sozialwissenschaften ein Wissen ausgebildet, dessen Solidität längst den Status eines kryptomorphen Weltbildes gewonnen hat".[7] Es enthält "das verfügbare und preisgebbare Wissen der Zeit" (Dux), also jenes abgespeicherte Wissen, das als fraglos sicher gilt. Dabei mögen die Deutungssysteme auf den abstrakten Ebenen von Theorie durchaus unsicher sein, in der Praxis, insbesondere in der politischen Praxis, wo es um Herrschaftspositionen geht, wird ständig mit sicherem Wissen operiert, wird ständig versucht - auch angesichts der Unsicherheit über die Ergebnisse theoriegeleiteten Wissens - sicheres Wissen herzustellen. Rekurse auf Wissenschaft, auf Geschichte, auf Evidenz und auf Natur spielen dabei eine zentrale Rolle.

Kapitel 2

Rasse als biologisches und als sozialwissenschaftliches Problem

"Eine Rasse stellt sich dar in einer Menschengruppe, die sich durch die ihr eignende Vereinigung körperlicher Merkmale und seelischer Eigenschaften von jeder anderen (in solcher Weise zusammengefaßten) Menschengruppe unterscheidet und immer wieder nur ihresgleichen zeugt."
("H.F.K. Günther, 1930, Rassenkunde des deutschen Volkes, a.a.O., S. 14)

2.1 Einleitung

In vielen Gesellschaften des 20. Jahrhunderts stellen Rassenprobleme ein wichtiges Konfliktpotential dar. So gibt es in den siebziger und achtziger Jahren im Herzen Großbritanniens anti-rassistische Aufstände, während in der Bundesrepublik Ende der siebziger, Anfang der achtziger Jahre die sogenannte "Ausländerfeindlichkeit" sich ausbreitet; scharfe "ethnische" Reproduktionsunterschiede führen in den USA zur Propagierung eines Politikmodells des "government by ethnicity", das seine Ursachen in rassistischen Auseinandersetzungen kaum zu verleugnen mag; Glasnost und Perestroika in der UDSSR werden von scharfen ethnischen Auseinandersetzungen begleitet. Selbst in einem immer wieder als äußerst liberal apostrophierten Lande wie Holland gibt es ein Rassenproblem: die Molukker.[1] Regionalistische Bewegungen in allen Teilen Europas, die sich kulturell definieren, verlangen andere Formen des Zusammenlebens der verschiedenen "Volksgruppen", wobei Übergänge zu Poltiküberlegungen auf der Basis rassischer Zugehörigkeit teilweise fließend sind. Auch aus Afrika oder Asien werden immer wieder Auseinandersetzungen verschiedener "Stämme" oder "Völker" gemeldet, die durchaus als rassistisch interpretiert werden könen; ganz zu Schweigen von den offen rassistischen Auseinandersetzungen in Südafrika und in Südamerika, wo Regierungen, wie zum Beispiel die brasilianische, Ausrottungsfeldzüge gegen die einheimische sogenannte Urbevölkerung durchführen.

Handelt es sich hierbei um soziale Auseinandersetzungen entlang von Differenzierungsprozessen, die in biologisch-genetischen Veranlagungen bestimmter Rassen wurzeln und mithin nach Erklärungsmodellen entlang von Rasseneinteilungen verlangen?

Diese Frage beschäftigte nach dem 2. Weltkrieg nicht nur die Europäer, sondern auch die UNESCO als Organisation der Völkergemeinschaft. Unter dem Druck von anti-kolonialistischen Bewegungen einerseits, von Erfahrungen mit dem Ausrottungsfeldzug Nazi-Deutschlands gegenüber minderwertig deklarierten Völkern, Rassen, Ethnien, abweichenden Gruppen und Religionsgemeinschaften andererseits, gab sie 1951 eine Erklärung zur Rassenfrage heraus: "UNESCO-Statement on the nature of race and race-differences by physical anthropologists and geneticists".[2] Ihr war ebenfalls auf Initiative der UNESCO bereits eine andere Deklaration vorangegangen, die wesentlich von Sozialwissenschaftlern unter Beteiligung nur weniger Genetiker verfaßt worden war. Sie verwarf den Begriff der Rasse als Grundlage wissenschaftlicher Analysen, weil er alltagssprachlich zu mißverständlich sei, und schlug vor, ihn durch den Begriff der ethnischen Gruppe zu ersetzen. Zugleich stellte diese Deklaration fest, "daß genetische Differenzen kein wesentlicher Faktor in der Verursachung kultureller Leistungen verschiedener Völker oder Gruppen seien; daß Persönlichkeit und Charakter als 'rassenlos' betrachtet werden müßten; und schließlich, daß biologische Forschungen die Ethik der universalen Brüderlichkeit aller Menschen untermauerten".[3] Doch dieser hauptsächlich von führenden Sozialwissenschaftlern getragene Konsens in der Rassenfrage reichte den Initiatoren nicht aus, um in dieser Frage auch Einfluß insbesondere unter Naturwissenschaftlern zu gewinnen und um so die Akzeptanz in der Absage an rassische, gesellschaftliche Ordnungsmodelle in der gesamten, nicht nur der wissenschaftlichen Welt zu steigern. Eine zweite Deklaration, eben jenes "UNESCO-Statement", wurde verfaßt.

Angesichts dieses Vorgangs stellt sich zunächst die Frage, ob über die in Rede stehenden grundlegenden humanitären Fragen überhaupt wissenschaftlich entschieden werden kann? Politisch-praktisch ist zudem zu fragen, was gegenüber der realen Welt der Probleme erreicht wird, wenn ein Begriff zu ihrer Analyse abgeschafft wird?

Die zur Meinungsabgabe aufgerufenen Wissenschaftler wurden sich schließlich nicht einig; die UNESCO-Deklaration repräsentiert, wie die erste Äußerung, eine Minderheitenposition. Real-historisch erwies sich zudem schnell, daß die Postulierung einer angeborenen Überlegenheit bestimmter rassischer Gruppen gegenüber anderen als Grundannahme des Rassismus offensichtlich fester verwurzelt war, als die dekretorische Abschaffung der Kategorie durch die UNESCO annahm. Mit der Niederlage Nazi-Deutschlands war offensichtlich eine geschichtsmächtig gewordene Spielart des Rassismus besiegt, seine realgeschichtlichen, gesellschaftlichen Wurzeln deshalb aber noch nicht beseitigt worden. Denken in rassischen Kategorien, rassenbezogene Denkstereotypen scheinen in den verschiedenen Kulturen schwer aufzulösen zu sein und ohne Reflexion tradiert zu werden. Es scheint, als habe nahezu jede Kultur ihren eigenen Rassismus. Seine Opfer sind Nordafrikaner in Frankreich, Pakistani und Inder in Großbritannien, Türken in der Bundesrepublik, Kurden in der Türkei, Armenier in Aserbaidschan, Afroamerikaner in den USA, Schwarze in Südafrika etc. Das Problem scheint auch nicht auf Migrationsbewegungen allein rückführbar zu sein. So sind beispielsweise seit Jahrhunderten in Kärnten lebende Slowenen noch immer Opfer rassistischer Handlungsweisen einer mehrheitlich deutschsprachigen Gruppierung. Auch die anti-semitische Spielart des Rassismus dürfte kaum mit Migration erklärbar sein.

"Entgegen der vorherrschenden Ideologie und dem Lippenbekenntnis zur Demokratie und Gleichheit in einer sich industrialisierenden Welt enthüllt die zeitgenössische Konfliktbiographie zahlreiche Konflikte in quasi-rassistischem Gewand, begleitet von Austreibungen und Massakern".[4] Die Frage ist also, woher diese Erscheinungen kommen. Handelt es sich beispielsweise um Erscheinungsformen angeborener menschlicher Aggressivität oder um bestimmte Ideologien, denen angebbare soziale und historische Bedingungen zugrunde liegen? Oder fehlen uns möglicherweise gar die analytischen Instrumente zur Erfassung des Phänomens? "Die weitverbreitete offene oder latente Virulenz rassistischen Denkens, das in den vielen Konflikten 'rassischen' Charakters auch noch nach 1945 zu Tage tritt, legt nahe, die Versuche zur Überwindung des Rassismus tiefer anzusetzen als bloß an ideologischen Strukturen, denn die sind eher Symptome als die Substanz des Rassismus".[5] Von internationalen Organisationen getragene Bemühungen, Rassismus ideologisch zu bekämpfen, zum Beispiel durch Deklarationen, sind zwar zu begrüßen, zu den Wurzeln des Problems führen diese aber nicht. Auch wissenschaftlich-analytisch sind deshalb Wege zu beschreiten, die über reine ideologiekritische Analysen hinausgehen.

Es scheint auch geboten zu sein, Vorsicht bei der historisch-periodisierenden Einordnung des Rassismus walten zu lassen. Nicht gerade selten wurde er dabei als absterbend oder schon als ausgestorben betrachtet. Die Realgeschichte ließ sich aber nicht in Modelle historischer Entwicklung einsperren, zu deren Charakteristika es in der Regel gehörte, daß Phänomene wie die Einteilung der Menschen nach Rassen vom Fortschritt der Geschichte überholt werden sollten.

Solche Einschätzungen erwiesen sich meist schnell als Fehleinschätzungen.[6] Kulturanthropologisches Material kann belegen, daß Formen von Rassismus in verschiedenen anderen Gesellschaftsformationen existierten. Der Versuch jedoch, rassische Abgrenzungen wissenschaftlich zu fundieren, ist neueren Datums. Die Einteilung der Menschen nach Rassen, das heißt die Entwicklung rassischer Typologien, entstand im Gefolge der Entdeckung Amerikas und der zeitlich parallelen Entwicklung der modernen Wissenschaften. Diese rassischen Typologien bei Menschen werden analog zu jenen bei Tieren, Pflanzen und Mineralien entwickelt, sind Teil allgemeinerer evolutiontheoretischer Überlegungen. Die Schwierigkeiten bei der Abgrenzung der einzelnen "Klassen" waren immens. Trotzdem wurden sie immer wieder versucht und mit Hierarchisierungsversuchen verknüpft, die gesellschaftliche Differenzierungen erklären sollten.[7]

Rassenbeziehungen sind insofern immer auch beeinflußt worden von dem, was die Menschen glaubten, was Rassen im biologischen Sinne seien, wie weit die Natur des Menschen seine gesellschaftliche Existenz beeinflußt. Diese Vorstellungen müssen also einerseits bei der Analyse des Rassismus einbezogen werden. Andererseits haben sich viele naturwissenschaftliche Ansichten über die Natur der Rassen als falsch erwiesen, das heißt schon aus diesem Grunde wäre es problematisch, sozialwissenschaftliche "Rassen"-Forschung direkt an biologische Erkenntnisse zu binden. Zudem erlauben die naturwissenschaftlichen Ergebnisse kein einheitliches Bild der Rassen. So wird beispielsweise mit sehr unterschiedlichen Klassifikationsschemata zur Abgrenzung der verschiedenen Rassen gearbeitet. Eine sozialwissenschaftliche Theorie der Rassenbeziehungen als Anschlußtheorie an die Naturwissenschaften, insbesondere die Biologie, erscheint deshalb problematisch.[8]

2.2 Biologie und/oder Soziologie? - Nature and/or Nurture?

Die Biologie bzw. ihre Vorläufer haben sich mit dem Thema schon immer schwer getan. Rassische Taxonomien gibt es soviele wie Rassen selbst, könnte man scharf und überspitzt formulieren. "Die ersten Rassenklassifikationen, wie die des französischen Reisenden Francois Bernier oder des deutschen Naturforschers Blumenbach, beruhten auf dem Merkmal, das beim Zusammentreffen mit einer fremden Bevölkerung zuerst ins Auge springt, nämlich die Hautfarbe".[9] Erweiterte Klassifikationsschemata berücksichtigten zusätzliche phänotypische Merkmale wie zum Beispiel die Schädelform, den Wuchs etc. Als modernes Beispiel kann die folgende zeitgenössische Klassifikation gelten:[10]

1. Nordwesteuropäisch: Skandinavien, Norddeutschland, Nordfrankreich, Niederlande, Großbritannien, Irland.
2. Nordosteuropäisch: Polen, Rußland, der Großteil der gegenwärtigen Bevölkerung Sibiriens.
3. Alpin: von Zentralfrankreich, Süddeutschland, der Schweiz, Norditalien bis zur Ostküste des Schwarzen Meeres.
4. Mediterran: Die Bevölkerung der beiden Mittelmeerküsten, von Tanger bis zu den Dardanellen, Arabien, der Türkei, dem Iran und Turkmenien.
5. Hindu: Indien, Pakistan.
6. Turanisch: ("Türkisch"). Turkestan, Westchina.
7. Tibetanisch: Tibet.
8. Nordchinesisch: Nord- und Zentralchina, Mandschurei.
9. Mongolisch im eigentlichen Sinn: Sibirien, Mongolei, Korea, Japan.
10. Eskimo: Amerikanische Arktis.
11. Südostasiatisch: Von Südchina bis Thailand, Burma, Malaysia, Indonesien.
12. Ainu: Eingeborenenbevölkerung Nordjapans.
13. Lappisch: Arktisches Skandinavien und Finnland.
14. Nordamerikanisch-indianisch: Eingeborenenbevölkerungen Kanadas und der Vereinigten Staaten.

15. Zentralamerikanisch-indianisch: Vom Südwesten der Vereinigten Staaten bis nach Bolivien.
16. Südamerikanisch-indianisch: Ursprünglich die Ackerbauern in Peru, Bolivien und Chile.
17. Feuerländisch: Die Bewohner des südlichen Südamerikas (ohne Ackerbau).
18. Äthiopisch ("ostafrikanisch"): Ostafrika, Äthiopien, ein Teil des Sudans.
19. Sudanesisch: Der größte Teil des Sudan.
20. Waldneger: Westafrika und ein großer Teil des Kongo.
21. Südafrikanisch ("Bantu"): Südafrika und ein Teil Ostafrikas.
22. Khoisan ("Buschmänner und Hottentotten"): Die Ureinwohner Südafrikas.
23. Pygmäen: Eine zwergwüchsige Bevölkerung in den Wäldern Äquatorialafrikas.
24. Wedda ("drawidisch"): Die Urbevölkerung Südindiens und Ceylons.
25. Negritos: Kraushaarige Zwergbevölkerung, die sich von den Philippinen bis zu den Andamanen, nach Malaysia und Neu-Guinea ausgebreitet hat.
26. Melanesisch ("melanesisch-papua"): Von Neu-Guinea bis zu den Fidji-Inseln.
27. Murrayanisch: Urbevölkerung Südostaustraliens.
28. Carpentarianisch: Urbevölkerung Nord- und Zentralaustraliens.
29. Mikronesisch: Westpazifische Inseln.
30. Polynesisch: Zentral- und ostpazifische Inseln.
31. Neo-Hawaiisch: Eine Bevölkerung, die sich in Hawaii neu gebildet hat.
32. Ladino: Eine Bevölkerung, die sich in Zentral- und Südamerika neu gebildet hat.
33. Nordamerikanische Farbige: Die sogenannte "schwarze" Bevölkerung Nordamerikas.
34. Südafrikanische Farbige: Die entsprechende Bevölkerung Südafrikas.

Während immer zahlreichere - im biologischen Sinne - rassisch bedeutsame Kriterien in den Taxonomien berücksichtigt wurden, kam es auch immer wieder zu Prioritätensetzungen, die ein Merkmal als zentrales darstellten. Ende des 19. Jahrhunderts galt bei den meisten Anthropologen beispielsweise die Schädelform als Hauptkriterium. "Die Schädelmessung war während des 19. Jahrhunderts die führende Zahlenwissenschaft",[11] eine Wissenschaftsdisziplin hoher gesellschaftlicher Relevanz, die gesellschaftliche Ordnungsvorstellungen, die bewertende Einordnung von Menschengruppen, auf der Basis eben dieser Schädelmessungen mit Hilfe naturwissenschaftlicher Methoden anstrebte. In der Schädelmessung, Kraniometrie, verbanden sich gesellschaftliche Ordnungsvorstellungen mit quantitativen Daten auf der Basis einer vorherrschenden weltbildlichen Orientierung. Schon damals galten Zahlen als non plus ultra wissenschaftlicher Objektivität. Ohne hier diese Objektivitätsvorstellung in den Kontext von Zahlenmystiken zu stellen, muß doch festgestellt werden, daß Rangordnungen, die sich auf Zahlen aufbauen und die durch exakte und standardisierte Verfahren gewonnen werden, auch dann ihre Stichhaltigkeit kaum einbüßen, wenn sie eine Realität ausdrücken, die die Wissenschaftler selbst "von vornherein glauben wollten".[12] Der Übergang der Humanwissenschaften von subjektiver Spekulation zu echter Wissenschaftlichkeit im Sinne der Naturwissenschaften, im Sinne der Newtonschen Physik, schien mit der Kraniometrie beschritten. Auch als später unter dem Druck anderer Evidenzen und unter dem Druck der Evolutionstheorie die Kraniometrie überholt wurde, blieb der Anspruch nach der Entwicklung quantifizierbarer, das meint objektiver Typologien, bestehen.

Viele dieser von der Wissenschaft hervorgebrachten Ergebnisse wurden zudem popularisiert und tauchen bis heute in alltagsweltlichen Ordnungsvorstellungen auf. So beispielsweise der evolutionstheoretisch begründete Versuch, Rangordnungen auf der Basis der menschlichen Entwicklungsgeschichte zu entwerfen, wie das in der Rekapitulationstheorie Ernst Haeckels (1834-1919) geschah. Sie läßt sich im Diktum: "Die Ontogenie ist eine Recapitulation der Phylogenie" zusammenfassen.[13] Danach waren die Kinder zivilisierter, höher stehender Gruppen auf eine Stufe mit den Erwachsenen tiefer stehender Gruppen einzuordnen. Diese Einstufung ergäbe sich auch aus der fötalen Entwicklung. So heißt es bei dem amerikanischen Anthropologen Brinton: "Der Erwachsene, der die zahlreichen fötalen, kindlichen oder affenähnlichen Merkmale bewahrt hat, ist fraglos jenem unterlegen, dessen Entwicklung diese Merkmale hinter sich gelassen hat. ... Nach diesen Kriterien gemessen, steht die europäische oder weiße Rasse oben auf der Liste, der Afrikaner oder Neger ganz unten. ...Alle Körperteile sind peinlich genau inspiziert, gemessen und gewogen worden, um eine Wissenschaft der vergleichenden Rassenanatomie aufzubauen".[14] Daß Neger wegen ihrer ursprünglichen Naivität bzw. Kindlichkeit zum Beispiel angeblich so häufig im Showbusiness zu finden seien, gehört heute weitgehend zu den Grundüberzeugungen in Ländern wie der BRD oder in Frankreich.[15] Daß sie zu "erziehen" seien, um sie auf unser Entwicklungsniveau zu heben, haben nicht nur die Poeten des Kolonialismus immer wieder verkündet, sondern hat als Grundüberzeugung auch die Entwicklungspolitik in der Nachkolonialphase erheblich beeinflußt.

Was sich hier im 19. Jahrhundert etabliert, ist einerseits nichts Neues insofern, als Rassentypologien älter sind als die kursorisch bezeichneten wissenschaftlichen Theorien. Aber daß diese Typologien wie ihre gesellschaftliche Wertung zunehmend auf wissenschaftlicher Basis gesichert werden und werden müssen, zeigt eine neue Entwicklung in den Rassetheorien an, nämlich den Übergang zum wissenschaftlichen Rassismus, der bis in das Alltagsverständnis der Menschen vordringt.

Die Basis des wissenschaftlichen Rassismus bilden geteilte, kulturelle Grundüberzeugungen von Menschen und nicht objektive Daten. Ein Beispiel soll das illustrieren. Die Schädelform als Merkmal wurde schließlich als rassisch distinktes problematisch, als Franz Boas 1912 nachwies, daß in den Vereinigten Staaten die Schädel der Kinder von brachyzephalen (rundköpfigen) Einwanderern länger wurden, also eine Umweltbeeinflussung dieses Merkmals anzunehmen war. Die Boassche Erkenntnis hat die Rassenforschung der Nazi-Zeit dann aber nicht davon abhalten können, in dieser Richtung weiter zu forschen.

Zu Beginn des 20. Jahrhunderts trat in der biologischen Rassenforschung ein Bruch ein. Die neuen Erkenntnisse erlaubten "nicht nur von physischen Merkmalen zu reden, so wie sie beobachtbar und meßbar sind, sondern auch von Faktoren, die sich in physischen Merkmalen lediglich ausdrücken".[16] Der Rassengedanke wanderte in andere Wissenschaftsdisziplinen ein, wenn er bei ihrer Geburt nicht gar Pate stand wie bei der Eugenik.

Fortan standen Blutgruppen, Kristalle, chemische Substanzen und vor allem Gene im Zentrum des Interesses. Das heißt, die Biologie schritt fort von der phänotypischen Betrachtung zu einer genotypischen und mußte auf dieser Ebene natürlich erneut das Verhältnis von Natur und Milieu, von physiologischen und kulturellen Faktoren bestimmen. Bezüglich des Rassenproblems hieß die Leitfrage also, wie weit bestimmte, weitverbreitete Charakteristiken als genetisch kontrollierte Vorgänge und Mechanismen zu erklären seien oder wie weit sie gleichartigen Auswirkungen ähnlicher kultureller Bedingungen zuzuschreiben seien. In gewissem Umfang, das dürfte heute wohl kaum bestritten sein, benötigen natürlich alle Endergebnisse der Evolution irgendeine materielle Grundlage, sei sie nun genetisch oder neural. In diesem allgemeinen Sinne muß also auch eine bestimmte Ausstattung, müssen Erbanlagen für rassische Differenzierung eine Rolle spielen. Die viel entscheidendere Problematik liegt jedoch in der Frage, ob diese angeborene Grundlage sich in rassisch unterschiedlichem Verhalten ausdrückt und ob die hochkomplexen Strukturen in den Verhaltensendprodukten unentfaltet schon in der angeborenen Grundlage vorhanden waren.

Zur Beantwortung dieser Frage ist die Unterscheidung von Genotyp und Phänotyp von entscheidender Bedeutung. Der Genotyp entspricht jenen unmittelbar durch genetische Mechanismen übertragenen materiellen Grundlagen, während der Phänotyp jenen ausgewachsenen Organismus bezeichnet, in dem sich bestimmte Keimzellen normalerweise mit ihren kennzeichnenden Genotypen entwickeln. Das heißt, die materielle Grundlage repräsentiert eine Potentialität, keine eindeutige Programmstruktur, die die phänotypischen Ausprägungen eindeutig festlegt. In entwicklungstheoretischer Sicht sind die wesentlichen Eigenschaften der Organismen Ausdrucksformen der Gene, nicht ihre Eigenschaften. Jene Elemente in den Genen, die für rassische Differenzierung relevant sind, bilden da keine Ausnahme. Rassisch zu unterscheidende Erwachsene sind Endprodukte kultureller Abfolgen.[17] Die hochkomplizierten Ergebnisse der Biologie erläutert der französische Genforscher Jacquard: "Die Unterschiede zwischen Individuen sind dermaßen groß, daß die Unterschiede zwischen Durchschnitten nur einen kleinen Teil der

Unterschiede zwischen Personen erklären können. In sehr vielen Fällen wird der Unterschied zwischen mir und einem anderen Franzosen größer sein als zwischen mir und einem Schwarzen oder Gelben. Wegen der nicht exprimierten Eigenschaften kann ich genetisch einem Melanesier oder Lappen näher stehen als dem Feldhüter aus dem Dorf meiner Herkunft. Wenn ich eine Blutübertragung brauche, kann eine Konserve, die in den Anden gesammelt wurde, angebrachter sein, als eine, die in meiner eigenen Familie gespendet wurde".[18] Hier wird also deutlich von den in den Rassentypologien betonten Gemeinsamkeiten der Gruppen abgewichen zugunsten einer Vorstellung, die den genetischen Unterschieden zwischen den Individuen erweiterten Raum gibt. Die Variation innerhalb der Gruppen ist bedeutsamer als die rassischen Durchschnitte, die die Grundlage für Homogenitätsannahmen bei einzelnen Rassen gebildet hatten, so könnte diese Position zusammengefasst werden. Sie zerstört damit die Grundlage der typologischen Betrachtung von Rassen. Dunn und Dobzhansky hatten diese Revision bereits 1946 entwickelt und darüber hinaus eine andere Revision der wissenschaftlich-genetischen Rassenüberlegungen vorgenommen. Sie revidierten nämlich den Vererbungsbegriff selbst, indem sie festhielten, daß die Vererbung ein Vorgang sei "... wie ein sich entwickelnder Organismus auf seine Umwelt reagiert".[19] Evolutionäre Anpassung war dieser Auffassung zufolge verantwortlich für Fixiertheit und Plastizität von Merkmalen oder Merkmalgruppen.

In dieser Denktradition wird nicht bestritten, daß Klassifikationsschemata aufbereitet werden können. Sollen diese jedoch auf Klassifikationen über das genetische Erbpotential von Individuen oder Populationen gründen, dann, so stellt sie fest, bekommen wir nur eine "vision floue" (Jacquard) mit unpräzisen Unterscheidungsmerkmalen. "Die Antwort des Genetikers ist eindeutig: Für ihn hat das Wort Rasse praktisch keinen Inhalt".[20] Das schließt aber, wie gesagt, andere Klassifikationsschemata nicht aus.

Selbst wenn diese Meinung nicht geteilt wird, das heißt, biologische Rassenunterschiede als operative Erkenntnisinstrumente eingesetzt werden,[21] so kann daraus allerdings noch keine Aussage über eine herrschaftsbezogene gesellschaftliche Differenzierung abgeleitet werden. Denn, so heißt es bei dem Nobelpreisträger Francois Jacob kategorisch:

"Was die heutige Biologie schließlich bestätigen kann, ist Folgendes:

- Das Rassenkonzept hat jeden operativen Wert verloren und bringt die Erkenntnis einer ständig sich verändernden Realität zum Erstarren;
- Die Mechanismen der Weitergabe des Lebens sind so gestaltet, daß jedes Individuum einzigartig ist, daß die Individuen nicht hierarchisiert werden können, daß ihr biologischer Reichtum nur kollektiv besteht, nämlich in ihrer Vielfalt.

Alles andere ist Ideologie".[22]
Ebenfalls sehr unmißverständlich äußern sich Dunn und Dobzhansky: "Die Menschheitsspezies als solche hat sich von genetischer Spezialisierung und Starrheit im Verhalten in Richtung auf Erziehbarkeit entwickelt. Das gilt für alle Menschenrassen und für alle Klimabedingungen. Darin liegt das wichtigste biologische Merkmal des Evolutionsschemas der Menschheit. ... Der Mensch ist (...) imstande, einer großen Vielfalt von Lebensweisen nachzugehen. Er ist dazu aber durch unterschiedliche Ausbildung und Erziehung befähigt worden, nicht durch das Erwerben spezifischer Gene". Zwar beeinflussen genetische Unterschiede die Mentalität der Menschen, aber diese Unterschiede sind nicht grundlegend, lassen also Typologien jenseits der Feststellung, daß deren Gruppen oder besser Populationen Vererbungsgemeinschaften seien, die sich durch die Häufigkeit eines oder mehrerer Gene unterscheiden lassen, nicht zu. "Weitaus wichtiger (als die genetischen Unterschiede, E.J.D.) ist die Tatsache, daß die menschlichen Fähigkeiten von Kindheit an durch Ausbildung entwickelt werden. Die menschliche Persönlichkeit wird, von pathologischen Fällen abgesehen, in erster Linie durch die in einer bestimmten Kultur vorherrschenden Schemata der zwischenmenschlichen Beziehungen sowie durch die individuellen Erfahrungen jedes Gliedes einer Gemeinschaft geformt. Diese genetisch verankerte Erziehbarkeit hat den Erfolg der Menschheit als biologischer Spezies garantiert und progressiv fortschrittlichere kulturelle Entwicklungen ermöglicht".[23]

Darüber hinaus ist grundsätzlich festzuhalten, daß Beziehungen von Gruppen von Menschen ihre eigene Logik haben. Hier liegt das Aufgabenfeld der Sozialwissenschaftler. Sie brauchen keine Amateurbiologen zu sein. Die mögliche Entdeckung sozial relevanter biologisch-rassischer Erkenntnisse macht sozialwissenschaftliche Analysen nicht obsolet, sondern unterstreicht nur deren Notwendigkeit. Eine mögliche, wenn auch nach dem mir bekannten Stand der Genforschung unwahrscheinliche Bestätigung seitens der Biologie für sozialrelevante Differenzierungen verweist auf die Bedeutung kultureller Differenzierung.[24] Unterschiedliche Kulturen sind Träger sozial relevanter Unterschiede zwischen Gruppen, nicht deren genetische Potentialität. Genetische Potentialität, eine Möglichkeitsqualität gemäß moderner Genforschung, vermag keine Kulturleistung zu entfalten, kann auch keine Rassenkämpfe führen bzw. sich in Rassenkonflikten befinden. Rasse im biologischen Sinne - der Begriff wird im übrigen zunehmend von dem der Population abgelöst - meint lediglich ausgelesene Komplexe von Erbanlagen. Biologische Arten reproduzieren sich durch Vererbung genetischer Eigenschaften, die menschliche Gattung durch die Sozialisation der Nachkommenschaft, ist vereinfacht festzuhalten.

2.3 Rassen aus der Sicht der Sozialwissenschaften

FAP gegen Rushdie
Die "Freiheitliche Deutsche Arbeiterpartei (FAP) will "in Zukunft alle Mittel zur Verhinderung der Verbreitung der Satanischen Verse von Salman Rushdie einsetzen". Dies kündigte die FAP-Bundesgeschäftsstelle gestern in einer Presseerklärung an. Rushdies Buch unterstütze "die Ziele der bundesdeutschen Integrationspolitiker: die Schaffung eines nationalentwurzelten und konsumorientierten Vielvölkerstaates als Spielball des internationalen Großkapitals. "Kulturvermischung ist Völkermord", heißt es in der Erklärung, die eine "strafrechtliche Verfolgung aller Verbreitungsversuche in der BRD" fordert. Zudem sei der von Rushdie angegriffene islamische Glaube "der einzige Rückhalt der arabischen Völker im Nahen Osten bei der Bekämpfung des israelischen Terrors. (...) Die Terroristen sitzen in Israel und nicht im Iran."
(Die Tageszeitung, 9.3.89)

Es wäre allerdings problematisch, die Kategorie der Rasse völlig aus dem Studium von Gruppenbeziehungen zu verbannen, wenn doch die Erklärung von sozialen Beziehungen von Mitgliedern unterschiedlicher Gruppen rassische respektive rassistische Konnotationen enthält. Das heißt, wenn die Wahrnehmung sozialer Beziehungen nicht in Termini von Klasse, Magie, Religion oder ähnlichem erfolgt, sondern über die Kategorie Rasse, so ist das ein bedeutsamer sozialer Tatbestand, mit dem sich die sozialwissenschaftliche Analyse auseinanderzusetzen hat, wird die Wahrnehmung nun als falsch oder richtig analysiert, ist die Kategorie biologisch fundierbar oder nicht.

Der Ausgangspunkt jeder rassistischen Doktrin hat die Evidenz für sich, nämlich die Feststellung, daß nicht alle Menschen gleich seien. Der Rassismus repräsentiert also eine Erklärung von Ungleichheit, die die Merkmale einer sozialen Gruppe als direkte Folge ihrer physischen oder biologischen Merkmale, kurz ihrer Erbmasse sieht. Die rassistische Doktrin vermischt Faktenfeststellungen und Wertannahmen. Solche Vermischungen sind problematisch, implizieren sie doch den Anschluß von gesellschaftlichen Wertentscheidungen an biologisch-genetische Erkenntnisse. Die Frage ist jedoch, wie weit solche Konstruktionen von Anschlußwissen überhaupt für die kulturelle Wertorientierung und entsprechender gesellschaftlicher Beziehungen und Politiken aussagefähig sind; wird einmal davon abgesehen, ob die Genetik wirklich diese Schlußfolgerungen erlaubt.

Die Weltorientierungen jeder Kultur sind eigenständige Emanationen; ihre politischen Konsequenzen bedürfen eigenständiger Begründungen, die mit biologisch-genetischen Erkenntnissen nur höchst vermittelt zu tun haben. Ein Beispiel: Wenn die Biologie herausfände, daß Deutsche Türken überlegen seien, was wäre dann für die gesellschaftspolitische Ordnung im weitesten Sinne festgelegt? Daß Türken besonders zu fördern seien durch besondere erzieherische Maßnahmen oder durch Quotierungen im Arbeitsmarkt und bei den Ausbildungsverhältnissen? Oder wären ihnen gemäße schulische Bedingungen zu schaffen bei gleichzeitigen steuerlichen Entlastungen, die einen Ausgleich für das genetische Handicap darstellten? Da die Unterschiede zwischen den Menschen kultureller und nicht biologischer Art sind, läßt sich formulieren, daß der Rassist die Rasse erschafft. Rassistisches Denken und Handeln produziert Rasse als einen gesellschaftsrelevanten Wirkungszusammenhang. Bezüglich des Verhältnisses vom biologischen zum soziologischen Rassenbegriff heißt das: "Die Bedeutung der Erklärung, daß alle Menschen gleich seien, beruht nicht auf einer Erlaubnis der Biologen, die regelmäßig zu erneuern wäre".[25] "Die Annäherung an das Phänomen der Rassenbeziehungen aus der Sicht der Sozialwissenschaften verlangt, daß Rasse nicht als biologische Kategorie begriffen wird, sondern als Merkmal, mit dem eine soziale Kategorie produziert wird".[26] Biologische und soziale Elemente mögen sich überlappen, fallen aber nicht zusammen.

In den meisten Sozialsystemen werden physische Unterschiede mit höherer Bedeutung aufgeladen respektive eher in sozial bedeutsame Kategorien transformiert als selbst die angenommenen physiologischen Notwendigkeiten tatsächlich verlangen würden. Die Unterschiede in Männer- und Frauenrollen können zum Beispiel nicht bruchlos und vollständig auf den biologischen (kleinen) Unterschied zurückgeführt werden. So hat Borneman[27] in der Aufarbeitung unterschiedlichsten anthropologischen Materials gezeigt, daß selbst die Gebärfähigkeit der Frau gesellschaftlich sehr unterschiedlich bewertet wird und zu völlig unterschiedlichen sozialen Bestimmungen des "Weiblichen" führt. In nach Rassenkriterien organisierten Gesellschaften sind die Menschen gehalten, sich in ihrem Sozialverhalten entsprechend einer Gruppendefinition zu bewegen, die Rasse als relevantes Kriterium sozialen Verhaltens erachtet. Andernfalls werden die Gesellschaftsmitglieder mit Sanktionen konfrontiert, die diese Gesellschaften zur Konstitution und Konventionalisierung der rassischen Beziehungen bereithalten. Rassenbeziehungen in sozialwisssenschaftlicher Sicht gliedern sich also ein in das große Feld von Gruppenbeziehungen, die nach unterschiedlichen Kriterien und Prozeduren sich organisieren. Insofern haben Rassentheorien einen vergleichbaren Status wie solche "intergroup relations"-Untersuchungen, die sich am Begriff der Klasse, des Standes, der Kaste, des Sex, der Berufsrolle etc. orientieren. Aufgabe des Sozialwissenschaftlers ist es, verallgemeinerbare Aussagen zu entwickeln - bei allen nötigen Differenzierungen -, die auf alle Gruppenbeziehungen zutreffen.

Allerdings ist dabei Voraussetzung, Rasse als sozial relevantes Kriterium überhaupt zu akzeptieren. Modernisierungstheorien seit der Entstehung der Soziologie als Wissenschaft haben dazu tendiert, Rasse als "primordial bond" zu kategorisieren, die dem universalen Rationalitätsanspruch[28] der Moderne nicht standhalten und folglich als soziales Differenzierungskriterium obsolet werden würde. Diese Grundauffassung hat zu einer Vernachlässigung der Kategorie Rasse in den Sozialwissenschaften geführt.[29] Demgegenüber wird hier davon ausgegangen, daß moderne Gesellschaften aus sich heraus einen bestimmten Bedarf an Komplexitätsreduktion produzieren, der auch darin bestehen kann, ein System von Unterscheidungsmerkmalen entlang rassischer Merkmale zu begründen, das herrschaftslegitimierenden Charakter hat.

In Anlehnung an Schütz haben die Bergers und Kellner die "... ungeheure Kompliziertheit der Arbeitsteilung in einer technologischen Wirtschaft ...", die Pluralisierung der Lebenswelten herausgearbeitet, der gegenüber der moderne Mensch versucht "... eine Ordnung integrierender und stützender Sinngehalte ..." zu entwickeln. "Mit anderen Worten, der Mensch versucht, eine "Heimatwelt" zu konstruieren und zu bewahren, die ihm als sinnvoller Mittelpunkt seines Lebens in der Gesellschaft dient".[30] Solchen Sinnkonstruktionen inhärent ist ein Rezeptwissen (A. Schütz), mit dessen Interpretationsschemata komplexe Realität reduziert wird. Rassische Attribute scheinen dabei die Rolle besonders plausibler Deutungsmuster zu besitzen, weil sie weitgehend eindeutig und sichtbar sowie naturhaft und unveränderbar sind.

Gegenüber der auf Permanenz gestellten Sinnkrise der modernen Identität erlaubt die Übertragung rassischer Unterscheidungen auf gesellschaftliche Differenzierungen eine eindeutige Antwort auf die Sinnfrage "was bin ich": nämlich Mitglied einer rassischen Gemeinschaft, das heißt, mein mir angeborener Status erklärt Herkunft, Gegenwart und Zukunft. Einschätzungen gesellschaftlicher Differenzierung auf der Basis eines erworbenen Status erfüllen diese Funktionen nicht, weil sie von den gleichen Merkmalen der modernen Welt wie Rationalität, Komponentialität, Multi-Relationalität, Machbarkeit, Pluralität und Progressivität (Berger, Berger, Kellner) geprägt sind, die die Verunsicherung der Identität ständig produzieren. Das heißt, das rassistische Bewußtsein ist ein Bewußtsein gegen die Modernität, das auf der Suche nach Identität entsteht. In diesem Sinne verstehe ich den Rassismus als eine kulturspezifische Emanation.

Ähnlich ließe sich in Anlehnung an Richard Sennett argumentieren. Er zeigt, daß die Orientierung der Menschen auf, wie er sagt, "zwischenmenschliche Nähe", Produkt der Entstehung des Kapitalismus und der Säkularisierung ist. Beide Strömungen legten nahe, Sinnproduktion "in Objekten und in den objektiven Bedingungen der Gesellschaft selbst zu suchen. Aber dort fanden sie keinen Sinn; ...".[31] Resultat ist die Entdeckung der Familie als Ordnungsprinzip für die Wahrnehmung von Persönlichkeit. Sinnproduktionen erweisen sich als stabil, wenn sie die Nähe unmittelbarer Beziehungen evozieren. Die Nähe wird zu einem Nadelöhr für Sinnproduktionen überhaupt, weil nur sie Stabilität der Orientierungen verspricht. Fremde Menschen und Kulturen sind in dieser Konstellation ab ovo Fremde, nicht begreifbare, höchstens mythologisch im Bild des "Wilden" erahnbar. Da die Persönlichkeit des modernen Menschen die eines Flüchtlings ist, die ihrer Gesellschaftlichkeit zugunsten von Nähe und Intimität sich entzieht, vermag sie den abstrakteren Kontexten der Gesellschaft und der Geschichte wenig Sinnproduktion abzugewinnen. "Im Streben nach einer gemeinsamen Identität wird die Verfolgung gemeinsamer Interessen unmöglich".[32] Das "... Interesse des Gruppen-Ichs ..."[33] wird suspendiert zugunsten wechselseitiger Selbstoffenbarungen von Identitäten. Soziales Handeln bezieht folglich seinen Sinn nicht mehr vom Ergebnis her, sondern von der ihm zugrundeliegenden Motivation. Angesichts fortschreitender Vergesellschaftung zu einer Weltgesellschaft hin, regrediert die Sinnproduktion auf immer kleinere Kontexte und vermag sich zugleich quasi instrumentell aus Ursache-Wirkungskontexten der Weltgeschichte zu verabschieden. "Die Angst vor der Anonymität, die in der modernen Gesellschaft umgeht, veranlaßt die Menschen, die Gemeinschaft, der sie sich zugehörig fühlen, zunehmend einzuengen. Das Selbst ist beschränkt auf Intentionen, und die Gemeinschaft, in der sich dieses Selbst mitteilt, beschränkt sich darauf, diejenigen auszuschließen, die sich in ihrer gesellschaftlichen Stellung, ihrer politischen Haltung oder ihrem Stil deutlich unterscheiden".[34] Indem das eigene Selbst und seine Wohlbefindlichkeit durch Nähe hergestellt wird und werden muß, verliert es die Fähigkeit zur Distanz, wird es in das Prokrustesbett von Annahme oder Ablehnung sozialer Beziehungen gezwängt. Die Neugier als Annäherung an das Fremde, die Verflüssigung gesellschaftlicher Verhältnisse im Spielerischen, die Chance, über Kontakt Toleranz zu entfalten, gehen verloren. Sennett sieht darin eine Perversion der Brüderlichkeit in der modernen Gemeinschaftserfahrung.

"Je enger der Kreis einer solchen Gemeinschaft, desto destruktiver wird das Erlebnis von Brüderlichkeit. Außenseiter, Unbekannte, Andersartige werden jetzt zu Gestalten, von denen man sich fernhalten muß; die Persönlichkeitsmerkmale, die die Gemeinschaft teilt, werden immer exklusiver; die Gemeinsamkeit selbst konzentriert sich zunehmend auf die Entscheidung, wer dazu gehören kann und wer nicht. Die Abkehr von der Klassensolidarität und die Hinwendung zu Neuem, auf Ethnizität, Stadtteil oder Region fußenden Kollektivbildern ist ein Anzeichen für diese Verengung. Die Brüderlichkeit hat sich grundlegend gewandelt; sie erscheint heute als Bereitschaft, mit einer ausgewählten Gruppe umzugehen, und ist verbunden mit der Zurückweisung all derer, die nicht dem lokalen Zirkel angehören. Aus dieser Zurückweisung erwächst die Forderung nach Autonomie von der Außenwelt. Man verlangt, in Ruhe gelassen zu werden, und nicht, daß die Umgebung verändert werden solle. Je intimer aber, desto ungeselliger. Denn die Herstellung von Brüderlichkeit durch Ausschluß von "Außenseitern" kommt nie zum Abschluß, weil das Kollektivbild eines "WIR" niemals feste Gestalt annimmt. Fragmentierung und innere Spaltung sind die Konsequenz einer so verstandenen Brüderlichkeit, wenn die Gruppe der Menschen, die wirklich dazu gehören, immer kleiner wird. Solche Brüderlichkeit mündet schließlich in Brudermord".[35] In historischen Phasen, wo normative Orientierungen erschüttert werden oder wie in modernen Gesellschaften, wo deren Produktion ständiger Bestandteil der gesellschaftlichen Reproduktion ist, steht der Einzelne vor dem Problem der Reformulierung seiner Identität. In diesem Prozeß der Reformulierung der Identität scheinen rassische Konnotationen die Funktion von Orientierungswissen zu besitzen.

Die besondere Struktur der modernen Ich-Identität macht durch ihren Ausgrenzungsbedarf das Problem des Rassismus zu einem von ständiger Virulenz und nicht nur von Zufall, von "Irrationalität" (Lukacs). Nach Habermas[36] drückt sich die Identität des Ichs einerseits in der Gleichheit als Person mit allen anderen Personen aus, andererseits ist es als Individuum von allen anderen Individuen unendlich verschieden. Die Ausbildung dieser Ich-Identität ist dabei nicht mehr Produkt "erratischer Wertblöcke" (Brückner), die durch die gesellschaftlichen Basisinstitutionen festgelegt sind und die Komplementarität von individueller und kollektiver Identität sichern, sondern wird erst durch ein "Bewußtsein allgemeiner und gleicher Chancen der Teilnahme an solchen Kommunikationsprozessen begründet ..., in denen Identitätsbildung als kontinuierlicher Lernprozeß stattfindet".[37] Das heißt, die Selektion des Wissens und die Rezeption jener Strukturen und Prozesse, die das Individuum für die Ausbildung seiner Identität heranzieht, gehört zur Ausbildung seiner Identität ursächlich hinzu. Die gesellschaftlichen Angebote in dieser Hinsicht sind nicht statisch, sondern diffus, "treten unter sehr verschiedenen Definitionen in Erscheinung und dringen, von der "Basis" ausströmend, in die Poren der organisationsförmig geordneten Lebensbereiche ein. Diese wert- und normbildenden Kommunikationen haben einen subpolitischen Charakter, das heißt, sie laufen unterhalb der Schwelle politischer Entscheidungsprozesse ab: sie nehmen aber direkt Einfluß auf das politische System, weil sie den normativen Rahmen der politischen Entscheidungen verändern".[38] Die Inhalte dieser Lernprozesse gehen dabei häufig auf "popularisierungsfähige wissenschaftliche Grundideen zurück, die das Selbstverständnis der Menschen berühren: Klassenkampf, Abstammung der Arten, das Unbewußte sind drei aus theoretischen Zusammenhängen stammende Grundvokabeln, die breitenwirksam durchgeschlagen sind".[39] Die Rassismusproblematik kann dabei auf die Grundfrage des Menschen zurückgeführt werden, "wer bin ich" angesichts der Anderen, die in unveränderlichen, eindeutigen, sichtbaren äußeren Merkmalen scheinbar ihr Anderssein ausdrücken.[40] Partikularistische Antworten, die die universelle Norm der Gleichheit von Geburt in Frage stellen und die äußerlichen Besonderheiten verschiedener Menschen zu einer Struktur rassistischer Identität verarbeiten, können sich auf jene identitätsbildenden Institutionen stützen, die selbst partikulare Organisationsformen darstellen wie die Familie, Berufsgruppen, Staaten, Völker etc. Sie vindizieren dem Bewußtsein die Priorität des Besonderen vor dem Allgemeinen. Die weltweite Arbeitsteilung entlang der "color line", marktwirtschaftliche Allokationssysteme der Arbeitskraft gemäß Hautfarbe bestätigen dieses Bewußtsein, indem sie auf der Ebene der Ausbildung von Gruppenidentität quasi mit der normativen Kraft des Faktischen versehen sind.[41]

Der zunehmenden Vergesellschaftung des Lebens versucht dieses Bewußtsein mit der vorgeblichen Orientierungsstabilität naturhafter Deutungsmuster zu begegnen. Es macht also eine Anleihe bei den Naturwissenschaften und deren Anspruch auf universale Geltung. Gesellschaftlich produzierte Kontexte werden biologisiert, auf scheinbar natürliche, höchstens in einem sehr langen Evolutionsprozeß veränderbare, reduziert. Das Ergebnis ist eine moderne Theodizee, die Sozial- und Gruppenbeziehungen als von biologisch-genetischen Merkmalen geprägte betrachtet. Rasse wird ihrer sozialen Komponente entkleidet, nicht als soziales Differenzierungskriterium begriffen, sondern als Element der natürlichen Ordnung identifiziert. Das heißt der Rassismus ist eine Naturalisierung des Sozialen; Rasse wird zur Natur verklärt.[42]

Die Idee einer "natural distinction of rank" hat eine lange Tradition, auf die noch einzugehen sein wird. Selbst die US-amerikanischen Abolitionisten - also jene Kräfte, die gegen die Sklaverei kämpften - hingen ihr an und schlossen von den natürlichen Unterschieden der Menschen auf deren gesellschaftliche Stellung.[43]

Die mittels Komplexitätsreduktion angestrebte gesellschaftliche Selbstverortung stützt sich immer wieder auf zwei Argumentationsstränge. Einmal stehen Taxonomien, Typologien im Mittelpunkt, die ein festes Gebäude wissenschaftlicher Verortung der eigenen gesellschaftlichen Identität anbieten. Die Argumentation wäre etwa folgende: Ich gehöre zwar zur Menschheit, aber zu ihrem kaukasischen, arischen etc. Teil, habe also einen festen Ort im Universum, der mir zusteht. Je aufgefächerter diese Taxonomien sind und je scheinbar schärfer gegenüber anderen Kategorien abgegrenzt, um so eindeutiger dürfte das Sicherheitsbedürfnis befriedigt werden.[44] Von der gottgewollten Ordnung als festem Gebäude für Selbstverortung geht der Weg über Blutsbandenvorstellungen, Schädelmessungen, Abstammungslehren etc. bis hin zur prädiktiven Medizin, die Gesundheits- und Vererbungsrisiken von einzelnen Menschen und Populationen erforscht. Im Zuge der Ausdifferenzierung der Wissenschaft wandelt sich das Rassismusbild, die Grundannahme aber bleibt bestehen: Menschen lassen sich in Rassen einteilen, und diese drücken unterschiedliche Verhaltensmöglichkeiten aus. Die andere Argumentation ergibt sich aus dem Verlust jener mittelalterlichen Theodizee, die in der Aufklärung ins Wanken gerät. Die alte Theodizee als religiöse, schöpfungsgeschichtliche wird in der westlichen Welt durch eine neue, verweltlichte ersetzt. Ihr Zentrum ist nicht Gott, sondern Natur; sie wird von Naturgesetzen beherrscht gedacht. Auch die moralischen Wissenschaften, moderner Gesellschaftswissenschaften, unterliegen angeblich diesen Naturgesetzen. Analogien zur Biologie, organizistische Gesellschaftsvorstellungen (Spencer, Comte) bzw. naturwissenschaftliche Erkenntnisse dienen der Erklärung sozialer Tatbestände. Das Gesellschaftliche wird nicht durch das Gesellschaftliche erklärt, sondern mit Naturgesetzen oder in Analogien zu ihnen.

Die Tendenzen der ständigen Regeneration rassistischer Argumentationen und Handlungen im europäischen - populären wie wissenschaftlichen - Denken sind weithin verleugnet worden. Nicht ganz zu unrecht - trotz aller Diskussionen um Imperialismus, Kolonialismus, internationale Arbeitsteilung, Holocaust, Sklaverei etc. - heißt es marktschreierisch übertrieben über ein 1978 erscheinendes Buch in seinem Klappentext: "Mosse unternimmt mit diesem Buch erstmalig den Versuch, die Geschichte des Rassismus im Kontext der europäischen Geschichte darzustellen". Der "professional scandal" (John Rex) besteht fort.

Die weitgehende Ausblendung der Rassenprobleme in den Sozialwissenschaften hat tiefe Konsequenzen für Theorieansätze zur Erklärung des Rassismus gehabt. Wenn nämlich die gesellschaftliche Tendenz auf Eliminierung der Restbestände von traditionalen Beziehungen abzielt und auf Rasse aufbauende Beziehungen dazu zu zählen sind, dann sind die Rassenprobleme dieser Erde eher zweitrangiger Natur, und die Sozialwissenschaften haben recht daran getan, eher, wenn überhaupt, die die Modernisierung beschleunigenden Aspekte des Phänomens Rassismus zu beleuchten, die die quasi vorgegebene Entwicklungsrichtung zur Moderne hin als allgemeiner gesellschaftlicher Tendenz in ihrer Entfaltung beeinflussen. Von daher ergibt sich für alle Theorien des gesellschaftlichen Phänomens Rassismus deren dominante Anwendungsorientierung wie auch deren mehr oder weniger starke Isolierung von allgemeinen gesellschaftlichen Interpretationsmodellen, respektive deren unüberprüfte Übernahme als Rahmenbedingung für das erklärungsbedürftige Phänomen. "Trotz zahlreicher wertvoller Untersuchungen auf dem Gebiet der Rassenbeziehungen ähnelt das Thema immer noch einem theoretischen Niemandsland zwischen Psychologie, Soziologie und Anthropologie".[45] Wenn überhaupt, gibt es am ehesten einzelwissenschaftliche Ansätze einer Erklärung von Rasse und Rassismus. Dabei überwiegen wie gesagt solche, die Rasse und Rassismus als Elemente der "Irrationalität", als absterbende Konstituanten der gesellschaftlichen Entwicklung charakterisieren. Die große Zahl aller sozial- und individualpsychologischen Ansätze der Vorurteilsforschung weisen in diese Richtung. Geteilt wird dieser Ansatz, den ich für den dominanten halte, auch von vielen Vertretern anderer fachwissenschaftlicher Disziplinen, egal welcher wissenschaftlich-politischen Orientierung diese zuzurechnen sind. Ein Soziologe des US-amerikanischen "mainstream", Rose, unterscheidet sich dabei nicht entscheidend von liberalen Ökonomen, für die Rasse ein "nicht rationaler" Faktor ist, der ökonomisches Verhalten beeinflußt oder von orthodox-marxistischen Autoren wie Perlo, für die Rassismus ein ideologischer Faktor zur Beherrschung der Arbeiterklasse ist, der gegenüber dem allgemeinen Wertgesetz als gesellschaftlicher Dynamik rückwärts gewandt und irrational ist.

So nimmt sich Rose[46] beispielsweise die Chance einer genetisch-gesellschaftlichen Erklärung des Rassismus in seiner Analyse für die UNESCO - die dann die entsprechenden Resolutionen der Weltorganisation beeinflußte - indem er sagt: "Obwohl gewisse Individuen Vorurteile ausgebeutet haben, um politische Macht oder ökonomische Vorteile für sich selbst zu erlangen, gibt es doch kein Beispiel für ein ganzes Volk, das sich oder seine Zivilisation über einen längeren Zeitraum darauf aufgebaut hätte".[47] Das heißt, durch Rasse produzierte gesellschaftliche Ungleichheiten sind eher ein gesellschaftlicher Unfall, der in den konstitutiven Prinzipien von Gesellschaften nicht vorhanden ist und deshalb in wenigen Generationen beseitigt werden kann.[48] Im Gegenteil, die gesellschaftlichen Konstituentien, die bei Rose unter kapitalistischen Gesellschaftsbedingungen wohl in wert- und interessenneutralen Kosten-Nutzen-Allokationen zu sehen sind, tendieren zur Beseitigung des Rassismus, wenn die Nachteile rassischer Verhaltensweisen erst erkannt sind.[49] Konsequenterweise befürwortet Rose zur Beseitigung des Rassismus eine Aufklärungsstrategie, verbunden mit gesetzlichen Verboten.[50]

Die weitgehende Überzeugung, über ein gesellschaftliches Epiphänomen zu verhandeln, hat aber nicht nur zu der Einschätzung rassischer Beziehungen als "primordial bonds" geführt oder zu dem kurzsichtigen Optimismus von Rose oder zu der lediglich funktionalistischen Betrachtung Perlos, sondern sie kennt noch eine weitere Variante: Den radikalen Subjektivismus eines Barth.[51] Ausgehend von der weithin geteilten Position, daß Rassismus ohne einen subjektiven Zuschreibungsprozeß nicht entstehen kann, definiert Barth Rasse oder Ethnie[52] als "rhetorische" Idiome zur Formierung sozialer Gruppen mit dem politischen Ziel, Vorteile in der Auseinandersetzung mit gesellschaftlichen Ressourcen zu erlangen. Offen bleibt dabei, wieso bestimmte gesellschaftliche Gruppen sich dieser rhetorischen Idiome bedienen können und andere nicht bzw. ob es objektive Faktoren gibt und welche das sind, die als Elemente der Konstitution in rassische Beziehungen und Strukturen eingehen. Anders formuliert: Der Barthsche Subjektivismus impliziert eine anthropologische, nicht eine soziologische Erklärung des Rassismusphänomens und trifft sich damit paradoxerweise mit den Primordialisten, über die van den Berghe sagt, daß deren Blickwinkel "... davon ausgeht, daß sich in der Natur von Ethnizität und Rassismus etwas Fundamentales, "Aufgegebenes" ausdrückt. Den subjektiven Wahrnehmungen, die Menschen gegenüber anderen Gruppen in unterschiedlichsten Situationen haben, geht dieses voraus, transzendiert es oder begrenzt es in ihrer Erkenntnismöglichkeit".[53]

Demgegenüber scheint es mir überhaupt noch nicht ausgemacht, wie weit der Rassismus nicht ein tragendes Prinzip kapitalistischer Vergesellschaftung ist, ein Erscheinungsmodus für ungleiche Produktionsmittel- und Machtbeziehungen. Immerhin sind die zeitlichen Parallelen der Entstehung ins Auge springend. So fixiert der britische Rassismusforscher Michael Banton den Ausgangspunkt der rassistischen Periode auf ca. 1850 und verortet sie so in der imperialistischen Phase des Kapitalismus.[54]

Der Kapitalismus entwickelt und stabilisiert sich auf der Basis handelskapitalistischer Akkumulation, respektive kolonialistischer Expansion. Das ist sicher nicht seine einzige Voraussetzung, aber auch keine, die einfach vernachlässigt werden kann. Während der kolonialistischen Expansion Europas verbreitet sich der Rassismus über die ganze Erde und kommt zu einer Blüte, die er vorher nie gehabt hat. Kein anderer Rassismus hat neben seiner geographischen Verbreitung eine solche Blüte in allen Bereichen des gesellschaftlichen Lebens gefunden. Wir finden ihn im Bereich populärer Massenüberzeugungen, in der Literatur wie in den Wissenschaften, das heißt, er wird integraler Bestandteil westlich-kapitalistischer Weltanschauung. "Der westliche Rassismus brachte Poeten hervor wie Kipling, Philosophen wie Gobineau und Chamberlain, Staatsmänner wie Hitler, Theodore Roosevelt und Verwoerd; Umfang und Komplexität dieser kulturellen Tradition sind von keiner anderen auch nur annähernd erreicht worden".[55] Gegenüber dieser Vermutung wird häufig eingewandt, daß auch andere Gesellschaften Ethnozentrismus und Rassismus gekannt hätten bzw. kennen würden. Das ist sicher richtig, wenn auch meines Erachtens kein stichhaltiges Gegenargument. Zunächst scheint es mir wichtig, Rassismus und Ethnozentrismus zu unterscheiden. Während Ethnozentrismus ein universales Phänomen ist, läßt sich das wohl kaum für den Rassismus behaupten. Zweifellos weisen die meisten menschlichen Gesellschaften eine überaus positive Selbsteinschätzung auf, die auch häufig mit kulturellen Überlegenheitsvorstellungen verknüpft ist. "Natürlich hat es rassistische Kulturen gegeben die auch ethnozentristisch sind und einige Völker haben die Theorie vertreten, daß ihre Kulturen überlegen seien aufgrund einer überlegenen genetischen Ausstattung. Aber das Gegenteil ist nicht war: viele, nahezu alle Gesellschaften kennen Ethnozentrismus ohne Rassismus".[56] Das heißt nicht, daß der Rassismus ein Phänomen der Entstehung des Kapitalismus sei, während in anderen Gesellschaftsformationen die entsprechenden Phänomene als ethnozentristisch zu klassifizieren seien. Das Argument bezieht sich auf die historisch-räumliche Verbreitung des Phänomens.

Lévi-Strauss hat gezeigt, daß Ethnozentrismus eine allgemeine in nahezu allen Gesellschaften vorhandene Einstellung ist, insbesondere in solchen, deren Kontakt zur Außenwelt beschränkt ist. Diese Haltung jedoch verknüpft sich nicht notwendigerweise mit der Verfolgung der Fremden, sondern nur mit der Abgrenzung von ihnen.[57] Der Rassismus in seiner westlichen Tradition, und auf diese beziehe ich mich, ist jedoch etwas anderes als diese Abgrenzung vom Fremden. Allerdings nähern wir uns mit dieser Diskussion der Differenz von Ethnozentrismus und Rassismus jenen notwendigen, wenn auch nicht immer hinreichenden Bedingungen für die Entstehung von Rassismus. Rassismus setzt immer mindestens zwei Gruppen von Menschen voraus, die sich soweit unterscheiden müssen, daß zumindest einige von ihnen eindeutig klassifizierbar sein müssen. Diese Klassifizierbarkeit bezieht sich nicht notwendigerweise auf äußere Merkmale,[58] sondern vermag sich auch an anderen kulturellen Äußerungsformen festmachen, zum Beispiel an der Religion. Des weiteren setzt die Entstehung eines Rassismus Positionen institutionalisierter Ungleichheit zwischen den Gruppen bzw. zahlreichen Mitgliedern der Gruppen voraus. In einem größeren gesellschaftlichen Kontext tritt die Problematik der Klassifikation insbesondere im Kontext von Migration auf. Van den Berghe unterscheidet dabei vier Formen, die alle in unterschiedlicher Weise Ausgangspunkt für rassistische Praktiken sein können:

1. militärische Eroberung;
2. allmähliche Grenzverschiebungen;
3. unfreiwillige Dislokation von Bevölkerungen oder Bevölkerungsteilen;
4. freiwillige Dislokation.[59]

Ganz ähnlich, was die Argumentation für die Entwicklung rassistischer gesellschaftlicher Regulierungsmechanismen angeht, argumentiert übrigens John Rex.[60] Er sieht Rassenbeziehungen im Kontext der Produktion von sozialer Ungleichheit und meint sechs Situationen unterscheiden zu können, in denen es immer wieder zu rassisch inspirierter sozialer Ungleichheit kommen kann:

"1. Grenzsituationen, in denen eine politisch organisierte Gruppe mit fortgeschrittener Technologie und Erziehung auf eine Gruppe stößt, deren Technologie unterlegen ist.
2. Situationen mit solchen spezifischen Arbeitsbeziehungen, wie sie bei sklavenhaltender Plantagenwirtschaft oder unmittelbar nach deren Abschaffung auftreten.
3. Situationen von Klassenkonflikt im marxistischen Verständnis und im weiteren Verständnis von Weber, wo es zu einer Gruppenkonfrontation auf der Basis unterschiedlicher Marktmacht kommt.
4. Großgrundbesitz- und Kastensysteme, in denen Gruppen mit unterschiedlichem Prestige und unterschiedlichen legalen Rechten sich korporativ organisieren und sich möglicherweise auch beruflich spezialisieren.
5. Situationen, wo Wertschätzung und Prestige nicht korporativen Gruppen zugeschrieben, sollen auf einem Kontinuum angeordnet werden, so daß jedes Individuum auf diesem Kontinuum gemäß seinem Prestige verortet werden kann.
6. Situationen kulturellen Pluralismus, in denen verschiedene unterscheidbare Gruppen um begrenzte (zum Beispiel ökonomische) Zwecke konkurrieren, aber daneben weiterhin in separaten Gemeinschaften leben.

   Davon ausgehend, ergeben sich eine Reihe besonderer Probleme metropolitaner Gesellschaften, die gemeinhin als rassistische betrachtet werden können:

   a) Urbane Situationen, in denen komplexe Systeme von Schichtung auf der Basis der obigen Faktoren existieren.
   b) Situationen, in denen eine besondere Gruppe von Außenseitern zu einer Rolle gedrängt wird, die zwar einerseits essentiell für das soziale und ökonomische Leben der Gesellschaft ist, ande-

rerseits sich aber im Konflikt mit ihrem Wertsystem befindet oder als nicht der Würde der Mehrheit der Gesellschaftsmitglieder entsprechend gedacht wird.

c) Krisensituationen, in denen eine kulturell oder physisch unterscheidbare Gruppe als Bedrohung für die Wohlfahrt der Gesellschaft erachtet wird, das heißt Sündenbocksituationen. Der ihnen zugrundeliegende Prozeß wird oft mit den strukturell bestimmten Situationen unter b verbunden".[61]

Deutlich wird hier einerseits der weitere komparatistische Ansatz van den Berghes, der stärker auf die Realität kapitalistischer, metropolitaner Geschichte eingehende Ansatz Rex andererseits. Wie weit Fortschrittlichkeit von Technologie und Erziehung tatsächlich gegeben ist und es sich nicht eher um durchsetzungsstärkere Herrschaftspotentiale handelt, sei dahingestellt. Deutlich wird allerdings, daß beide Ansätze versuchen, Rassenprobleme als komplexe Sozialstrukturprobleme zu behandeln, eine Tendenz, die nur bei wenigen Autoren zu beobachten ist, die aber grundlegend für eine soziologische Betrachtung des Rassismus zu sein hat.

Die Typologien der Entstehung von Rassismus bei van den Berghe und Rex verweisen bereits darauf, daß der Rassismus keine Erfindung kolonialistischen, europäischen Expansionswillens ist, der Amerika, Afrika, Asien und Australien überzogen hat. Ethnologisches Material kann überzeugend belegen, daß es auch in anderen Gesellschaften Rassismus gegeben hat.[62] Der Versuch seiner wissenschaftlichen Begründung und Legitimation aber sind originäre industriegesellschaftliche Züge und sind Produkt der Moderne im weitesten Sinne.

Das heißt, aus Ethnozentrismus wird erst Rassismus, wenn zu vorhandenen Unterschieden, seien diese nun physischer oder kultureller Art, Unterschiede in der Einbildung treten, die eine unterschiedliche Form oder ein unterschiedliches Ausmaß an der Verfügung über und der Kontrolle der gesellschaftlichen Ressourcenbeteiligung qua wissenschaftlicher Begründung und Legitimation intendieren. Wie dieser Versuch einer Definition zeigt, liegt das Phänomen des Rassismus in theoretischer Hinsicht gerade darin, daß es weder rein auf ideologischer noch rein auf ökonomischer Ebene definiert werden kann. Für den Rassismus gilt - wie für den Klassenbegriff übrigens[63] - daß er als Kategorie gesellschaftspraktischer Relevanz nicht existiert, es sei denn, die Menschen definieren sich selbst als Rasse.[64] Basis-Überbauklassifikationen zur analytischen Erfassung von Gesellschaftsformationen müssen am Rassismusphänomen versagen. Das Herrschaftselement im Rassismus und seine politisch-ideologische Formierung beispielsweise in entsprechenden Gesetzgebungen ist von Beginn an in die kapitalistischen Ökonomien eingewandert wie die Ökonomie ohne die ideologische Erklärung bestimmter Rassen zur Naturkategorie und damit sächlich ausbeutbarem Materials nicht auskommen konnte.[65] Eine ähnliche Auffassung vertritt Zubaida, der davon ausgeht, daß die Beziehung sich rassisch definierender sozialer Gruppen in doppelter Weise bestimmt ist: "... durch ein System der Kontrolle über ökonomische und politische Ressourcen und die mit ihm verbundenen Formen der Arbeitsteilung, die in dieser Gesellschaft herrschen. Und durch ein System von Bedeutungen, das die Gruppenbeziehungen implizit oder explizit bestimmt, und das Wissen und Bewertungen zwischen den Gruppen regelt".[66]

Was hier als doppelte Bestimmung von Rassismus bezeichnet wird, scheint mir seine konkrete Dialektik zu sein, nämlich einerseits als Möglichkeit Herrschaftselement und damit Ausdruck spezifischer gesellschaftlicher Reproduktionmodi zu sein und andererseits die Basis selbst für diese Reproduktionsmodi zu bilden, indem er ein Verfahren der Produktion und Verteilung eines gesellschaftlichen Mehrproduktes einschließt.

2.4 Erklärungsansätze des Rassismus in den USA

2.4.1 Der "mainstream" - Vorurteilsforschung

Der Rassismus als soziologisch relevantes Phänomen ist in seinem sozialen Charakter darzustellen, das heißt in seinem Charakter als systematisches Element der sozialen Organisation einer Gesellschaft. Nur von dieser Prämisse aus öffnet er sich m. E. soziologischer Analyse.

Mit solcher Prämisse des analytischen Zugangs versuche ich mich von den Ansätzen der Vorurteilsforschung abzuheben.[67] Bahnbrechend für diese war das monumentale Werk Gunnar Myrdals aus den vierziger Jahren "An American Dilemma".[68] Myrdal verband rassische Diskriminierung eng mit rassischen Vorurteilen. Diese sah er als Komplex von Werten und Überzeugungen, die hinter dem diskriminierenden Verhalten auf Seiten der weißen Majorität zu finden seien und die im konkreten Untersuchungsfall den Gleichheitsidealen der "american creed" widersprächen. Dieser Widerspruch zwischen Vorurteilen und den daraus resultierenden Diskriminierungen einerseits, den der "american creed" entsprechenden Vorstellungen von Freiheit und Gleichheit andererseits resultiere in einem moralischen Konflikt, eben dem "american dilemma". Wandel ergebe sich nur, wenn "die ein Jahrhundert zurückgebliebene öffentliche Moral" überwunden werde, denn "im Prinzip ist das Neger-Problem vor langer Zeit gelöst worden",[69] nämlich mit der Entwicklung der Basisinstitutionen der US-amerikanischen Gesellschaft, die auf Freiheit und Gleichheit beruhten.

Grundzüge der Einschätzung von Rassendiskriminierung, die noch heute weitgehend akzeptiert werden, sind mit dieser Arbeit verbunden. So die Einschätzung der Basisinstitutionen der US-Gesellschaft als der Diskriminierung widersprechend, so die Betrachtung des existenten Rassismus quasi als Unfall gemessen an den institutionalisierten Standards, so die primäre Verankerung des Phänomens in individuellen Akten und der Disposition zu ihnen.[70]

Auch Merton wurde von Myrdal stark beeinflußt, als er den Widerspruch zwischen "creed" und diskriminierendem Verhalten ausdifferenzierte. Er bezweifelte nämlich einen kausalen Zusammenhang von Vorurteilen und konsekutiven diskriminierenden Handlungen und unterschied folglich zwischen vorurteilsbehafteten Diskriminatoren, vorurteilsbehafteten Nicht-Diskriminatoren, vorurteilsfreien Diskriminatoren und vorurteilsfreien Nicht-Diskriminatoren. Der als Instrument zur Charakterisierung vieler gesellschaftlicher Handlungen entscheidende vorurteilsfreie Diskriminator wird nur kurz von Merton vorgestellt. Er betrachtet seine Diskriminierungen als intentionale. Indem Merton Einstellungen und Verhalten analytisch trennt, taucht auf der Verhaltensebene natürlich erneut das Problem auf, woher die Diskriminierungen kommen. Motiviert werden sie nach Mertons Meinung durch den sozialen Druck der näheren sozialen Umgebung wie sie Familienmitglieder, Arbeitskolleginnen und -kollegen, "peer"-Gruppen usw. darstellen. Es handelt sich dabei für Merton nicht um persönliche Vorurteile nach gängigem Verständnis.[71]

Forscher in dieser Tradition haben sich insbesondere mit den Inkonsistenzen zwischen Einstellungen (Vorurteilen) und Verhalten (Diskriminierung) beschäftigt. Die Konzentration auf Einstellungen im Sinne der Psychologie wurde aber im Forschungs-"mainstream" beibehalten.[72] In den fünfziger, sechziger und frühen siebziger Jahren dominierten in den USA auf diesem Gebiet Einstellungsmessungen, die in vielfältige Diskriminierungsmodelle zur Erhellung des Zusammenhangs von Vorurteilen und diskriminierenden Handlungen einmündeten. Sie bestätigten grosso modo Mertons apodiktische Typisierung, nämlich insofern, als viele Autoren herausfanden, daß existente Vorurteile nicht mit Notwendigkeit zu diskriminierenden Handlungen führen. Damit rückten die Referenzgruppen als Verbindungsglieder zwischen rassischen und/oder ethnischen Vorurteilen - zwischen denen in der Regel nicht unterschieden wurde - und Verhalten endgültig in den Mittelpunkt des Forschungsinteresses.[73] Eine Verlagerung auf Rassismus als Intergruppenproblem deutet sich damit an.[74] Allerdings bleibt neben anderen Grundannahmen im "mainstream" eine gesellschaftspolitisch besonders bedeutsame Annahme erhalten, nämlich daß es sich beim Rassismus um eine Abirrung von den fundamentalen Prinzipien der US-Gesellschaft als einer demokratischen handele.[75] Diese Position ist dabei keineswegs auf Psychologen und Sozialpsychologen beschränkt, sondern wird auch von Ökonomen und Soziologen geteilt. Der Ökonomen Becker beispielsweise spricht von einem irrationalen "taste" (Geschmack) für Diskriminierungen, der durch die stärkere Durchdringung der Gesellschaft mit marktrationalen Prinzipien verschwinden dürfte.[76] In der Tradition der Assimilationstheorie stehend, vertreten Autoren wie Gordon, Parsons, Glazer ebenfalls einen optimistischen Ausblick: Mit zunehmender Industrialisierung und Urbanisierung sehen sie rassistische Diskriminierung verschwinden.[77] Das heißt, auch bei ihnen gehören diese Phänomene nicht zu den fundamentalen Prinzipien der US-Gesellschaft, sind in ihrem Kern irrational und dürften bald der Vergangenheit angehören.

Erst in den sechziger Jahren, als die US-Gesellschaft durch massive Rassenunruhen erschüttert wird und als die Analyse von Rassenbeziehungen einen breiteren Raum in den Sozialwissenschaften gewinnt, entwickeln sich auch andere Ansätze von Bedeutung, deren explizites oder implizites Ziel nicht notwendig auf eine Legitimation der Grundlagen der US-Gesellschaft hinausläuft. Diese Ansätze lösen sich deutlich von den psychologischen Grundannahmen der Vorurteilsforschung und argumentieren stärker soziologisch.[78] Sozialer Auslöser für diese Ansätze dürfte sicherlich die Differenz zwischen optimistischer, wissenschaftlicher Einschätzung und realer sozialer Situation gewesen sein. Die Entwicklung der schwarzen Bürgerrechtsbewegung und die Rassenunruhen produzierten zudem Erklärungsbedarf.[79] Drei Forschungsansätze lassen sich grob unterscheiden, die alle stärker als die "mainstream"-Tradition auf die in den Institutionen und Organisationen der Gesellschaft verankerte rassistische Diskriminierung verweisen: Die Interessentheorie, der interne Kolonialismusansatz und der institutionelle Rassismusansatz. Alle drei Ansätze sind stärker gesellschaftstheoretisch orientiert, alle drei bezweifeln die gradualistischen Annahmen der allmählichen Inklusion der unterdrückten Gruppen in die dominante Gesellschaft und alle drei hinterfragen die These der auf Freiheit und Gleichheit ausgerichteten Basisinstitutionen der US-Gesellschaft.[80]

2.4.2 Interessenorientierte Erklärungsansätze für Rassismus

Die Interessentheorie geht davon aus, daß die hinter den Diskriminierungen liegende "Motivation" in den Privilegien und in der Macht der dominanten Gruppe zu suchen ist, konkret bei den WASP, den "White

Anglo-Saxon Protestants"; "vested interests" wurden zentraler Fokus der Untersuchungen.[81] Rassismus stellt mithin eine bestimmte Herrschaftsform dar. Blumer wies die Annahme der Vorurteilsforscher scharf zurück, daß rassische Vorurteile als Agglomeration feindlicher Gefühle gegenüber einer Außenseitergruppe zu bestimmen seien. Rassische Vorurteile stellen vielmehr eine Rationalisierung, eine Maskierung zum Schutz der Interessen der dominanten Gruppe dar.[82] Williams fundiert dieses Argument historisch.[83] Die koloniale Expansion des merkantilen Europas habe die Grundlagen zur rassischen Ungleichheit in den USA gelegt. Mit Hilfe rassistischer Ideologien sei diese für die weiße Mehrheit verteidigt worden. Die seit der kolonialen Expansion in das System eingebauten Privilegien der weißen Mehrheit existierten bis heute fort. Wellman bestimmt Rassismus als rationale Antwort im Kampf um knappe Ressourcen.[84] In diesen Auseinandersetzungen habe sich eine gesellschaftliche Schichtung herausgebildet, die es den Weißen erlaube, ihre Privilegien auf politischem, sozialem, ökonomischem, psychologischem und kulturellem Gebiet abzusichern. Die größere Macht der weißen Mehrheit bedeute zugleich das Faustpfand zu ihrer Verteidigung.

2.4.3 Rassismus in den USA als interner Kolonialismus

Der Forschungsansatz des internen Kolonialismus argumentiert teilweise sehr ähnlich.[85] Auch für ihn gehört der Rassismus zum Kernbestand der US-Gesellschaft: "Entscheidend für meine Forschungsorientierung ist die Annahme, daß rassische Gruppen und rassische Unterdrückung zentrale Bestandteile der amerikanischen Sozialdynamik sind ... rassische Minderheiten sind interne Kolonien des US-Kapitalismus ...".[86] Macht der europäischen Kolonialisten habe die Zwangsenteignung des Landes beispielsweise für die US-Indianer bedeutet, Macht habe die Afrikaner zu Sklaven und billigen Arbeitskräften gemacht. Die Privilegien der weißen Mehrheit hätten sich darauf aufgebaut und so fundamentale soziale Ungleichheiten geschaffen wie auch die Kontrollsysteme zu ihrer Verteidigung. Zur Charakterisierung der kolonialen Situation der Afro-Amerikaner in den USA entwickelt Blauner ein Schema von fünf Elementen; es sind:

1. Der erzwungene Eintritt in die Situation;
2. die Zerstörung und Kontrolle der schwarzen Kultur;
3. die Zwangsverwaltung zentraler Bereiche der afro-amerikanischen Gruppe durch die herrschende Gruppe;
4. die Ideologie des Rassismus als psychologischem und sozialem Kontrollsystem und
5. der getrennte Status von Unterdrückern und Unterdrückten am Arbeitsmarkt, das heißt in der Entwicklung von Mechanismen, die unterschiedliche Reproduktionchancen gewährleisten.[87]

In der Entwicklung der US-Gesellschaft habe der interne Kolonialismus verschiedene Formen durchlaufen. Zunächst habe im Sklavensystem eine reine Machtbeziehung dominiert, Arbeitskraftkolonialismus existiert, dann hätten Gesetze und eher informelle Mechanismen die Steuerung der Rassenbeziehungen übernommen, im Kernbereich der Ökonomie spezielle Marktmechanismen der Allokation von Arbeitskraft. Die rassische Stratifikation der US-Gesellschaft, wie sie nach Ansicht dieser Autoren heute besteht, läßt sich ohne Rekurs auf breite vorurteilsbehaftete Personengruppen begründen, denn "... die Prozesse, die Dominanz absichern - die Kontrolle der Weißen über die Nicht-Weißen - sind in die zentralen sozialen Institutionen eingebaut".[88] Dazu gehört beispielsweise das Getto, das Clark so charakterisiert: "Die Gemeinschaft ("community") läßt sich am besten in Analogie zu einer machtlosen Kolonie beschreiben. Ihre politische Führerschaft ist gespalten; alle bis auf ein oder zwei ihrer politischen Führer sind kurzsichtig und abhängig von den sie umgebenden politischen Machtstrukturen. Ihre sozialen Einrichtungen sind finanziell labil und hängen von Quellen außerhalb der Gemeinschaft ab. Ihre Kirchen sind isoliert oder abhängig. Ihre Ökonomie wird von kleinen Unternehmen dominiert, die größtenteils im Besitz von Personen außerhalb des Gettos sind und ihre Wohnhäuser und andere Liegenschaften sind ebenfalls im Besitz Dritter von außerhalb. Programme und Politiken werden kontrolliert und überwacht von Personen, die nicht in der Gemeinschaft leben. ...".[89] An den Zitaten dürfte deutlich geworden sein, daß hier ein Versuch vorliegt, Rassismus systematisch zu begreifen, indem rassischen Minoritäten der Status von Kolonisierten nachgewiesen wird. Die gesellschaftlichen Ausbeutungsverhältnisse verlaufen entlang von Rassengrenzen, sind in kapitalistische Ausbeutungsverhältnisse integriert, und zwar hierarchisch. Die Rassenzugehörigkeit dominiert über die Klassenzugehörigkeit, auch wenn sie nicht von ihr unabhängig ist. Dieses Erklärungsmodell setzt sich einerseits deutlich von integrationistischen Assimilationstheorien ab, indem es den Rassismus nicht unabhängig von der ökonomischen Funktionsweise des US-Kapitalismus sieht, also keinen per se auf Freiheit und Gleichheit zielenden Wandlungsprozeß der gesellschaftlichen Basisinstitutionen unterstellt. Andererseits versucht das Theorem vom internen Kolonialismus das Dilemma marxistischer, politökonomischer Erklärungen zu vermeiden, die Rassismus als Kapitalstrategie zur Spaltung der Arbeiterklasse und Verbilligung der Ware Arbeitskraft betrachten, ohne die Formen der Ausbeutung der schwarzen Arbeitskraft in ihrer hierarchischen Position zur weißen Arbeitskraft konzeptionell noch fassen zu können.

2.4.4 Rassismus in den USA aus der Erklärungsperspektive des institutionellen Diskriminierungsansatzes

Die dritte Forschungsrichtung versucht verstärkt die Wirkungsweise rassisch differenzierter Gesellschaften zu untersuchen. Die These vom institutionellen Rassismus geht davon aus, daß der historische Prozeß der Monopolisierung basaler Ressourcen einer Gesellschaft entlang rassischer Kriterien ein Prozeß der Institutionalisierung von Macht und Privilegien impliziere und als solcher zu analysieren sei, als ein Prozeß also, in dem rassische Ungleichheit in "... Normen (Verfahren und informellen Regeln) und Rollen (sozialen Positionen und ihren erwartbaren Pflichten und Rechten) in einer Reihe sozialer, ökonomischer und politischer Organisationen" verdinglicht werden.[90] Alvarez hebt in seiner Definition stark auf die Auswirkungen der Institutionalisierung ab. Er bestimmt: "Institutionelle Diskriminierung ist ein Set von sozialen Prozessen, mit deren Hilfe organisatorische Entscheidungsprozesse, entweder implizit oder explizit, eindeutig bestimmbare Bevölkerungsgruppen konstituieren, die weniger psychische, soziale oder materielle Belohnungen erhalten je nach quantitativer und/oder qualitativer Leistung, verglichen mit einer ebenfalls eindeutig bestimmbaren Bevölkerungsgruppe, die den organisatorischen Beschränkungen nicht ausgesetzt ist".[91] Auch dieser Ansatz formuliert das Rassismusproblem als allgemein gesellschaftliches Problem, nimmt also keine Bereiche der Gesellschaft als nicht von ihm betroffen aus. Dieser Ansatz setzt auch nicht mehr notwendigerweise individuelle, bewußte oder unbewußte Akte von Diskriminierung als Ursachen für die Entstehung rassistischer sozialer Ungleichheiten voraus. Rassistische Politiken können "... ohne bewußte Bigotterie entstehen".[92] Für die Analysen von gesellschaftlichen Teilsystemen heißt das umgedreht auch, daß deren möglicherweise existente anti-rassistische Programmatik noch nichts über die möglicherweise rassistischen Konsequenzen ihres Handelns als Organisationen aussagt, daß Programmanalyse und Handlungsstrukturanalyse als zwei voneinander zu trennende Analysebereiche zu behandeln sind. Der Ansatz tendiert auch dazu, das analytische Schwergewicht auf die Effekte gesellschaftlicher Differenzierung und Unterdrückung zu legen, die Ursachen dagegen erst in zweiter Linie zu behandeln. "... Der Hauptaugenmerk in vielen Institutionenanalysen liegt auf den Effekten und Mechanismen (Methoden) gegenwärtiger Diskriminierung. Verschiedene Formen der Diskriminierung werden eher betont als die Ursachen der Diskriminierung".[93]

Das ist ganz sicher ein Forschungsdefizit. Aus diesem Grund wird im Fortgang dieser Arbeit auch das Kapitel über die Entstehung des rassistischen Elements in den Sozialphilosophien des Abendlandes geschrieben, um wenigstens ansatzweise die von mir in der Kultur westlicher Gesellschaften angenommenen Ursachen des Rassismus zu thematisieren, sie nicht kurzschlüssig auf Kolonialismus oder Kapitalismus beziehen zu müssen oder eben den Schwerpunkt auf die gegenwärtigen Wirkungsmechanismen zu legen.[94] Interessanterweise ist das Konzept des institutionellen Rassismus nicht nur ein Produkt universitären Nachdenkens, sondern auch wesentlich von Regierungsorganen wie der "Equal Employment Opportunity Commission" und den Gerichten mit entwikkelt worden, die insbesondere seit den 60er Jahren gezwungen waren, Regulierungsmechanismen für die sozialen Konflikte zwischen den Rassen zu finden und in konkrete Politiken umzusetzen.[95] Dabei wurde das Prinzip der Intention im Sinne des Vorurteilsmotivs als Maß für Verschulden zurückgewiesen. An seine Stelle trat spätestens seit 1964[96] der Begriff des Effektes. Diskriminierende Effekte wurden sanktionswürdig unabhängig von den möglichen zugrunde liegenden intentionalen oder nicht-intentionalen Motiven. Da aber die Effekte der Diskriminierung voraussehbar sind, kann grundsätzlich die Intention in einem soziologischen Sinne unterstellt werden, argumentiert deshalb der Rechtsexperte Blumrosen. "Die Funktionsweise des Systems ist voraussagbar und deshalb sind folglich die Ergebnisse intendiert. Die Verweigerung, Negern ihre Zeit, die sie auf Negerarbeitsplätzen verbracht haben, anzurechnen, wenn sie mit weißen Arbeitskräften um entsprechende Arbeitsplätze konkurrieren, bedeutet, daß sie dabei notwendig unterliegen, weil den Weißen die auf weißen Arbeitsplätzen verbrachte Zeit angerechnet wird. Oder die Neger verzichten auf die Bewerbung, weil sie bei Erfolg ihre angestammten Senioritätsrechte verlieren. Die Konsequenz all dessen ist, daß Neger, gegen die früher offen diskriminiert wurde, auf den durch Diskriminierung geschaffen Arbeitsplätzen verbleiben. Das ist eine intendierte Konsequenz in dem Sinne, wie sie oben definiert wurde".[97] Das soziologische an diesem Diskriminierungsbegriff besteht darin, daß im Gegensatz zur Forschungsorientierung des Vorurteilsansatzes jetzt auch Regeln, Mechanismen, Strukturen von Institutionen Effekte produzieren können, die Rassismus abbilden. Zum Beispiel kann ein unternehmensweites Senioritätssystem diskriminierend sein, weil bei seiner Einführung nicht beachtet wurde, daß die ehemalige Abteilungsseniorität so geringe zeitliche Anwartschaften als Arbeitsplatzsicherungselementen bei den afro-amerikanischen Beschäftigten hat entstehen lassen, daß die vergangene Diskriminierung notwendigerweise perpetuiert werden muß. "Die Analyse von institutioneller Diskriminierung kann rein mit Organisationsvariablen durchgeführt werden".[98] Für die Analyse von Institutionen und Organisationen schließt diese Position notwendigerweise ein, daß auch askriptive Merkmale wie beispielsweise Rasse für die Aufgabenerfüllung von Organisationen funktional sind, daß das weitgehende Ausblenden von askriptiven Merkmalen aus den "achievement"-orientierten Organisationsanalysen nicht akzeptiert werden kann, soll eine Analyse von Rassismus auf institutioneller Ebene und in systematischer Absicht überhaupt möglich sein.[99] Die askriptiven Merkmale können für kollektives Handeln ebenso funktional sein wie

Leistungscharakteristiken. Der Allokationstypus Askription als gesamtgesellschaftlicher setzt allerdings Machtarrangements innerhalb und außerhalb der Organisation voraus, die sich mit ihm in Übereinstimmung befinden. Das weitgehende Verbot rassischer Diskriminierung in den USA verlangt zum Beispiel spezielle Analysemethoden, weil informelle Übereinkünfte, implizite Verständigungen oder Praktiken quasi Übereinstimmung mit den legalen Verboten herzustellen trachten. Dabei gilt meines Erachtens für die US-amerikanische Situation "... daß eine spezifische Beziehung zwischen Gelegenheit, Macht und relative Anzahl auf die Existenz von Rassismus-Sexismus hinweist".[100] Das ist zu begründen, was wohl nur sozio-historisch-systematisch möglich ist. Für mich handelt es sich bei der Verwendung von Rasse zur Definition sozialer Ordnungen um eine Möglichkeit der Moderne, deren zentrale Identitätsproblematik zu lösen. Ob dabei primär auf askriptive Merkmale wie Rasse oder auf erwerbsorientierte zur Begründung zurückgegriffen wird, ist nur situativ beantwortbar und hängt von dem konkreten, gesellschaftlichen Bedingungsrahmen ab, in dem sich die Entwicklung abspielt. Festzuhalten ist aber, daß zum Traditionsfundus der Moderne die Lösungsmöglichkeit für gesellschaftliche Ordnungsprobleme entlang rassischer Merkmalseinteilungen grundsätzlich dazugehört.

Aus der Skizze über die US-Forschungstradition dürfte deutlich geworden sein, daß Rassismusanalysen nur als Gesellschaftsanalysen fruchtbar sein können, daß Analysen, die auf individuelle Vorurteile rekurrieren, erhebliche Erklärungsdefizite insofern haben, als sie den Zusammenhang der Abweichung von der Gleichheitsnorm und individuellem Denken und Handeln nicht einholen können. Darüber hinaus scheint es sinnvoll festzuhalten, daß Rassismusanalysen im Schnittpunkt von ökonomischen, politischen und kulturellen Faktoren der Diskriminierung liegen. Blauners Schema von der schwarzen internen Kolonie betont das sehr nachdrücklich, aber auch die anderen neueren Forschungsorientierungen stimmen damit überein. Offen bleibt bei ihnen aber die Frage nach dem "Wie" der Entstehung von Rassismus. Blauners Analogieschluß auf den Kolonialismus verdeckt die zentrale Frage nach den Ursachen eher als er sie löst. Die Autoren des institutionellen Rassismusansatzes betonen von vornherein ihre beschränkte Intention. Bei beiden Analyseorientierungen ist die kulturelle Dimension zudem unterbelichtet. Rassismusanalysen erfassen aber meines Erachtens ohne eine deutliche Berücksichtigung der kulturellen Dimension nicht adäquat ihren Gegenstand, bleiben in ihrer Erklärungsreichweite beschränkt, insbesondere wenn die Frage gestellt wird, woher dieses Phänomen ungleicher Behandlung von Menschen wegen ihrer Rasse kommt.

Forschungsstrategisch sind Rassismusanalysen also so anzulegen, daß die legalen Gebote der rassischen Gleichheit hinterfragt werden können. In ihrer theoretischen Konzeptualisierung schließt das die Gleichberechtigung von askriptiven und leistungsorientierten Merkmalen in der Bestimmung gesellschaftlicher Positionen ein. Askriptive wie leistungsorientierte Merkmale werden gesellschaftlich produziert, beide haben aber eine je eigene Rationalität. Und es gilt auch festzuhalten, daß askriptive wie leistungsorientierte Allokationskriterien für die gesellschaftliche Machtverteilung durchaus funktional sein können.

2.5 Erklärungsansätze von Ausländerfeindlichkeit in der Bundesrepublik

"Sie waren als Helfer zu mehr Wachstum gedacht - nun sind sie zur Last geworden. ... Wollen wir nicht überwuchert werden und in zehn Jahren mit türkischen Wegelagerern an Autobahnen und fremdländisch bewohnten Slums in unseren Großstädten rechnen, dann bleibt nur ein mögliches kontrolliertes Bremsen der Zuwanderung bei gleichzeitig intensivierten Bemühungen um Assimilation und Eingliederung."
(aus: Zeitschrift "Arbeit und Sozialpolitik", Editorial)

2.5.1 Vorbemerkung

Ausländerfeindlichkeit wird in den Sozialwissenschaften der Bundesrepublik selten als Rassismus bezeichnet. Wird der Terminus benutzt, so werden mit ihm meist das Gedankengut und die Handlungen rechtsradikaler Gruppen charakterisiert. Soll im öffentlichen wie wissenschaftlichen Diskurs über die Anwesenheit der ausländischen Arbeitsmigranten geredet werden, so stehen Begriffe wie Kultur, Wanderung, Sprache, Religion, Vorurteil, Mentalität, Integration, Assimilation, Kulturation etc. im Vordergrund. Der Rassenbegriff, auch in seiner negativen Konnotation von Rassismus, scheint seit dem Nationalsozialismus so belastet, daß westdeutsche Wissenschaftlerinnen und Wissenschaftler auf seine Benutzung in der Regel verzichten. Die Kategorie der Rasse bzw. des Rassismus gehört dagegen im europäischen und außereuropäischen Ausland zum festen Begriffsinventar der Forschung über internationale Wanderungsbewegungen, über wirtschaftliche, soziale, politische und kulturelle Abhängigkeitsbeziehungen im Weltmaßstab sowie über spezifische innergesellschaftliche Problemlagen.[101] Das vorherige Kapitel hat das bereits verdeutlicht. Über die Ursachen und Wirkungsweisen dieses Tatbestandes soll hier nicht geschrieben werden. Festzuhalten aber ist, daß der Begriff "Ausländerfeindlichkeit" zur Charakterisierung latenter wie offener Ablehnung anderer sozialer Gruppen Unschärfen produziert. Die Ablehnung trifft nicht alle Ausländer in gleicher Weise. Die weiße, kanadische Studentin zum Beispiel dürfte in der Bundesrepublik kaum mit Ausländerfeindlichkeit ihr gegenüber konfrontiert werden, obwohl sie Ausländerin ist. Es scheint auch eine Hierarchie bevorzugter Gruppen für ausländerfeindliche Handlungen zu geben. Dunkelhäutige Asylanten, Türken und Kurden stehen dabei an der Spitze der Präferenzliste, während die Ablehnung der ersten, großen Gruppe von Arbeitsmigranten, der Italiener, verschwunden zu sein scheint, zumindest wenn der täglichen Presseberichterstattung gefolgt wird. Ausländerfeindlichkeit unterstellt auch begrifflich, daß Ausländerfreundlichkeit keine Ausländerfeindlichkeit sein kann, engt damit den Umfang des Analysegegenstandes ein.[102] Der Begriff der Ausländerfeindlichkeit ist auch deshalb untauglich zur Charakterisierung der in Rede stehenden Fragen und Probleme, weil er unterstellt, als gäbe es keine Kontinuität zwischen heutiger Ausländerfeindlichkeit und geschichtlichem Rassismus, weil er eine Differenz annimmt zwischen Rassismus und Ausländerfeindlichkeit ohne die Prüfmöglichkeit offen zu lassen, wie weit es sich nicht um einen allgemeinen Mechanismus der Naturalisierung des Sozialen handelt, der den Kern der in Rede stehenden Phänome auch in der Bundesrepublik ausmacht. Aus diesen Gründen werde ich im folgenden weiter die Begriffe Rassismus und Ethnozentrismus als theoretische Begriffe benutzen, ohne daß der Begriff Ausländerfeindlichkeit wegen seiner Virulenz immmer vermieden werden kann. Des weiteren werde ich mich nicht an den gängigen Periodisierungen der Ausländerforschung in der Bundesrepublik orientieren,[103] sondern auf Konzeptualisierungen des Themas ausländische Migranten beziehen, um aus ihren Analysen zu Rückschlüssen auf Defizite und problemadäquatere Analysen zu gelangen.[104]

2.5.2 Klassenanalytische und imperialismuskritische Einschätzungen

"Lebensnotwendig für die Entwicklung des Kapitalismus", so bezeichnet Castles[105] die Kolonisation, die schließlich in einen "Kapitalismus des Zentrums" und einen "Kapitalismus der Peripherie" (Samir Amin) eingemündet sei, die durch ungleiche Machtstrukturen ökonomisch und politisch verbunden seien. "Sowohl entwickelte Produktionsweisen als auch die Kontrolle über den Welthandel konzentrieren sich im Zentrum, während die peripheren Gebiete in die untergeordnete Rolle des Lieferanten von Arbeitskraft und bestimmten Warenarten und als Markt für die industriellen Produkte des Zentrums gedrängt wurden".[106] Dem Weltmarkt der Waren entspricht ein ebensolcher für Arbeitskräfte. Die latente Überbevölkerung Südeuropas, Nordafrikas und der Türkei wurde nach dem zweiten Weltkrieg zur wichtigen zusätzlichen Arbeitskraftreserve, zur latenten Reservearmee für die Staaten des Zentrums wie die Bundesrepublik, Frankreichs, Luxemburgs, Schwedens, der Schweiz, Belgiens, der Niederlande etc. In diesen Ländern des Zentrums wie der Bundesrepublik führt die Migration zur Unterschichtung der Arbeiterklasse mit einem Segment von Arbeitsmigranten, die in der Regel auf den schlechter bezahlten und unattraktiveren Arbeitsplätzen eingesetzt werden. Die einheimischen Arbeitskräfte verbuchen durch die Arbeitsmigration einen Aufstieg. Die Krisenanfälligkeit des Kapitalismus bedroht schließlich die Entwicklung, führt politisch zu dem Versuch, den Migrantenzuzug zu stoppen, die Wanderungsbewegung wieder umzudrehen. Doch der Effekt des von der BRD erlassenen Einreisestops ist der Familiennachzug, ist die dauerhafte Niederlassung der Arbeitsmigranten.

"... das Kapital benutzt die Kategorien von Rasse, Nationalität und Geschlecht, um zwischen den verschiedenen Gruppen von Arbeitern zu differenzieren und damit die Arbeiterklasse in sich zu spalten, was die erhöhte Ausbeutung bestimmter Gruppen ermöglicht".[107] Das Kapital profitiert also ökonomisch wie politisch durch die Arbeitsmigration. Deren Analyse verlangt die Betrachtung zweier Aspekte, nämlich des Minderheitenstatus wie der Klassenlage der Migrierenden. "Migrantengruppen bilden nicht von vornherein eine ethnische Minderheit, die Entstehung einer Minderheit ist ein Prozeß, in dem die dominanten Gesellschaftsgruppen den Migranten bestimmte (reale oder imaginäre) Eigenschaften zuschreiben und diese zur Rechtfertigung für bestimmte wirtschaftliche, soziale und politische Rollenfestschreibungen benutzen. Als Reaktion auf diese Erfahrung entwickeln Migranten eigene Kulturen und Institutionen und verstehen sich als gesonderte Gruppe innerhalb der Gesellschaft".[108]

Castles wurde hier so ausführlich referiert, weil er als repräsentativ für den marxistischen Strang der neueren wissenschaftlichen Migrationsliteratur gelten kann und weil er den Gesamtzusammenhang am geschlossensten darstellt, nicht nur Teilaspekte thematisiert.[109] Deutlich dürfte sein, daß Rassismus als Element des Gesellschaftssystems gedacht wird, also originär soziologisch bestimmt wird. Seine Wurzeln liegen im Kolonialismus und im Imperialismus und der mit ihnen zu verknüpfenden ungleichen Entwicklung.[110] Die Wanderungsbewegung selbst, die Segmentation der Arbeitsmärkte, der Zusammenhang von Staat und sozioökonomischer Arbeitskräftepolitik sowie die Politik von Parteien zu ihrer Legitimation gehören zu den bevorzugten Themen marxistischer Autoren und in ihrer Erklärung liegt zweifellos die analytische Stärke des Ansatzes. Wo es aber um die Ursprünge des Rassismus geht,[111] bleibt der marxistische Ansatz merkwürdig blaß. Der Verweis auf den Imperialismus und Kolonialismus reicht meines Erachtens nicht aus, weil simpel weitergefragt werden kann, wo deren Wurzeln denn liegen.[112] Auch die Frage, wie die Zuschreibung realer und imaginärer Eigenschaften erfolgt, muß bei marxistischen Autoren offenbleiben, weil Kultur als Fundus für epochengeschichtliche Selbstdefinitionen nur eine untergeordnete Rolle spielt und zwar insofern, als sie vorwiegend als abgeleitete Überbaugröße bestimmt wird, nicht als relativ eigenständiges gesellschaftliches Element, das als Definitionspotential von Selbstdeutungen sozialer Gruppen genutzt wird. Rassismus als Ausdruck des Imperialismus, eine solche Charakterisierung verbleibt zu stark auf der polit-ökonomischen Ebene der Betrachtung, die kulturelle Ebene wird vernachlässigt. Zwar wird bezüglich des Rassismus bei Castles von einem "Grundpfeiler der westeuropäischen Kultur" gesprochen, dessen Analyse aber schlicht nicht entwickelt, es sei denn, der implizit vertretene Automatismus zwischen Kolonialismus, Imperialismus, Neoimperialismus und Rassismus wird mit Analyse verwechselt. Diese Einschätzung soll nun nicht bedeuten, daß der Marxismus grundsätzlich keine kulturorientierten Analysen hervorzubringen in der Lage sei. Gerade in den letzten Jahren sind ja zahlreiche Versuche in dieser Richtung unternommen worden, deren Konkretisierung für das Rassismusproblem aber weitgehend aussteht.[113]

2.5.3 Der "mainstream": Integrationsforschung

Die Integrationsforschung hat eine solche Fülle von Arbeiten hervorgebracht, daß sie hier nicht annähernd referiert werden können. Ich beschränke mich auf zwei zentrale Studien, die meines Erachtens jedoch höchst einflußreich in der wissenschaftlichen Literatur sind und die repräsentativ für bestimmte argumentative Trends stehen: die Arbeiten von Hoffmann-Nowotny und von Schrader u.a.[114] Eingebettet in eine makrosoziologische Theorie sozialer Systeme, stellt Migration für Hoffmann-Nowotny das Resultat von Spannungen innerhalb des internationalen Schichtungssystems von Nationalgesellschaften dar. Bei den aufnehmenden Gesellschaften kommt es zu einer Unterschichtung der Beschäftigtenstruktur durch Arbeitsmigranten, die Mobilitätschancen für die einheimische Bevölkerung bietet. Da sie nicht von allen wahrgenommen werden können, kommt es zu "Statusungleichgewichten", die anomische Spannungen erzeugen können, mit entsprechender Diskriminierung als Folge.[115] Wieso die Spannungsreduktion sich aber auf die Ausländer richtet und nicht zum Beispiel auf die für die Einwanderungspolitik Verantwortlichen, diese Frage läßt Hoffmann-Nowotny offen. Sie implizierte genauere Vorstellungen über Fremdheit in der jeweiligen kulturellen Tradition und ihrer je spezifischen Bearbeitung durch die Mehrheitsbevölkerung sowie Berücksichtigung der kulturellen Institutionen, die die Deutungsschöpfung für die Ausgrenzung im Sinne des Rassismus als Konfliktlösung sozialer Probleme zu leisten im Stande sind. Beides, die kulturelle Tradition als auch die "primäre ideologische Kompetenz" (Haug) der Intellektuellen im Prozeß der Migration und bei der Ausbildung von Rassismus, spielt im Theorierahmen des Autors keine prominente Rolle.

Von überragender Bedeutung für die Bearbeitung des Problems Ausländer in der Bundesrepublik in Wissenschaft und Praxis ist zweifellos die Studie von Schrader u.a. Sie stellte die zentralen Begriffe bereit, formulierte die wissenschaftlichen und praktischen Probleme und deutete die entsprechenden Lösungen an. Während die erste Phase der Immigration eher von ökonomischen, polit-ökonomischen und wanderungstheoretisch orientierten Forschungen begleitet wurde, verschob sich mit zunehmender Dauer der Anwesenheit einer beträchtlichen Zahl von ausländischen Arbeitskräften in der BRD der Forschungsschwerpunkt auf eher sozialisationstheoretische und -praktische Arbeiten. Bikulturelle Sozialisation auf dem Hintergrund einer anthropologisch fundierten Persönlichkeitstheorie stand im Mittelpunkt der Untersuchung von Schrader u.a., und insofern repräsentiert auch sie diesen Trendwandel der Forschungsorientierung. Indem die Untersuchung Sozialisationsdefizite bei ausländischen Kindern und Jugendlichen begründete, lieferte sie die Legitimation und die Stabilisierung eines "race relations business", einer gesteigerten Nachfrage nach Pädagogik und Sozialarbeit. Demgegenüber traten ökonomisch-politische und historische Verursachungszusammenhänge in den Hintergrund der Betrachtung, nicht nur bei Schrader u.a., sondern bei einer Vielzahl von Autoren. Defizite der Sozialisation drängten zu kompensatorischer Erziehung, zur Pädagogisierung der Ausländerfrage. Auch die spätere Revision der Defizit-Hypothese und ihre Überführung in die Differenzhypothese[116] überwand kaum die auf Sozialisation bezogene Orientierung in der Migrationsforschung. Deren gesellschaftspolitischer Bezugspunkt einer multikulturellen Gesellschaft versuchte zwar die Integrationsorientierung zugunsten einer gleichberechtigten, gesellschaftspolitischen Zukunftsvision von Menschen unterschiedlicher Herkünfte zu überwinden, ohne aber den kulturellen Hintergrund für eine solche Vision in relevantem Umfang aufzuhellen. Die "black box" Entwicklung in den eher bürgerlich-ökonomischen frühen Migrationsuntersuchungen bzw. die "black box" Imperialismus wurde durch jene der Multikulturalität abgelöst.[117] In der Logik dieser Argumentation lag, daß Ausländerfeindlichkeit nicht so sehr als sozialstrukturelles Problem gedacht wurde, sondern eher als Vorurteil, das durch pädagogische und sozialarbeiterische Intervention zu überwinden sei.

2.5.4 Ethnische Minderheiten

Seit Anfang der achtziger Jahre verschiebt sich die wissenschaftliche Diskussion erneut. Ethnologische, kultursoziologische, historische und historisch-vergleichende Analysen nehmen allmählich einen breiteren Raum ein. Die Akzeptanz der faktischen Einwanderungssituation scheint Ursache dieser Entwicklung zu sein und folglich stehen einerseits "ethnische Minderheiten", "ethnische Koloniebildungen", "kulturelle Identität" etc. im Mittelpunkt der Analyse. Andererseits wird versucht, die kulturelle "black box" zu analysieren, wird verstärkt historisch-genetisch nach Erklärungen für Migrationsprozesse wie für Rassismus gesucht.[118] Subjektive Selbst- und Fremdwahrnehmungen spielen in diesen Analysen eine steigende Rolle, aber auch die strukturellen Bedingungen für und die Grenzen von "Integration". Zugleich entwickelt sich eine selbstkritische Literatur von Wissenschaftlern und Praktikern, die auf dem Hintergrund bisheriger Analysen und Interventionspraxen die vergangenen Defizite festhalten und aus ihnen Perspektiven zu entwickeln trachten.[119] Das Fazit und die perspektivischen Schwerpunktsetzungen sind dabei weitgehend übereinstimmend. So heißt es bei Wilpert 1984: "Es fehlt jedoch weiterhin an qualitativem Verständnis und Bemühungen um historische Entwicklungen sowie an Aufmerksamkeit für die soziale Organisierung der ethnischen Minderheiten, den Netzwerken und Instituionen, die sich innerhalb der noch unausdifferenzierten Nationalitäten und ihren ethnischen Gruppierungen entwickeln".[120] Und bei Bukow und Llaryora heißt es vier Jahre später: "Formuliert man die Resultate der bisherigen Skizze in dieser Weise, ist die Konsequenz tatsächlich, "Ausländerforschung" zu beenden und mit Minoritätenforschung - etwa aus der Perspektive der Labeling-Theorie oder der phänomenologisch fundierten Ethnomethodologie oder den kultursoziologischen Überlegungen der Gruppe um Clarke, Willis, Brake u.a. zu beginnen. Jedenfalls sind soziale Prozesse, und zwar interpretativer, interaktiver Art, zugrunde zu legen. Ferner werden sicher Konzepte relevant, die die Majorität, das Problem der Hegemonie bestimmter Klassen, die Frage nach der Kontrolle gegenüber Minderheiten, die Bedeutung der Verrechtlichung usw. aufgreifen. Die traditionelle, besonders im pädagogischen Umfeld betriebene Ausländerforschung wäre damit am Ende. Ihre Resultate könnten jedoch unter neuen Vorzeichen durchaus noch etwas weitertragen".[121]

Rassismus ist in dieser wissenschaftlichen Perspektive Ausdruck sozial-struktureller Verwerfungen durch Migration einerseits, durch Ethnisierung andererseits, um im Sprachgebrauch Bukows und Llaryoras zu bleiben. "Es ist die strukturell organisierte und dem Wanderer zugewiesene Randexistenz, die im Gefüge der gegenwärtig üblichen Formen der Definition von Gesellschaftlichkeit den Wanderer in besonderer Weise trifft".[122] Bevor sich der Wanderer selbst in seiner neuen Gesellschaft definieren kann, ist er bereits sozial fixiert, durch bürokratischen Ethnozentrismus (Lenhardt) in seiner sozialen Rolle festgelegt. Diese Festlegung seines sozialen Ortes wird auch subjektiv eingeholt, indem autochthone und allochthone Bevölkerungsteile unter der Bedingung struktureller Machtungleichgewichte Grenzziehungen vornehmen, die "... wahlweise und wechselseitig Rassismus, Sexismus, Antisemitismus u.a. ..." aktivieren.[123] Rassismus, respektive Ausländerfeindlichkeit wird hier also im Kontext von Sozialstruktur und heteronomer Zuschreibung gesehen. Allerdings werden beide Aspekte dann doch problematischerweise verknüpft. So heißt es bei Bukow und Llaryora: "Die Ethnisierung hält sich nur im Verbund mit dem Fortbestand der Unterschichtung, also solange sie den systemisch gebotenen Abgrenzungsmodalitäten nicht zuwider laufen".[124] Theoretisch wird damit zum Problem soziale Ungleichheit und sozialer Wandel eine Position bezogen, die der Moderne erneut unterstellt, daß sie zu erwerbsbezogenen Abgrenzungskriterien tendiere, askriptive Merkmale für Differenzierung nur insofern eine Rolle spielen, als sie erwerbsbezogenen Abgrenzungskriterien nicht zuwider laufen. Das kann empirisch bezweifelt werden. Theoretisch verschließt sich diese Position durch diese Annahme gegenüber der Prüfung der Frage des Verhältnisses von zugeschriebenen zu leistungsbezogenen Kriterien bei der Herstellung sozialer Ungleichheiten. Wenn Ethnisierung aber einen Prozeß "... der Errichtung von Herrschaft ..."[125] beschreiben soll, dann ist die modernitätstheoretische Prämisse falsch, weil sie den Zusammenhang askriptiver Merkmalsbildung und Herrschaft nur begrenzt zu analysieren erlaubt. Unter Rückgriff auf Max Weber und Richard Parkin scheint mir dagegen geboten, theoretisch davon auszugehen, daß askriptive und leistungsbezogene Kriterien funktional die gleiche Bedeutung haben können. Es wäre dann eine empirische Frage, unter welchen gesellschaftlichen Bedingungen die Legitimation von Herrschaft durch die je unterschiedlichen Kriterien vollzogen wird.

Meines Erachtens zahlt sich hier der "professional scandal" (Rex) in den Sozialwissenschaften aus, also jenes Phänomen, das Rasse als Gegenstand der Forschung jahrzehntelang völlig vernachlässigen ließ. Der

Mangel an kulturhistorisch-kultursoziologischen Analysen zu diesem Gebiet führt zu Annahmen über moderne Gesellschaften, die erst zu überprüfen wären, bevor sie erkenntnisleitend werden. Bei Bukow und Llaryora spielt die Moderne, spielt Kultur trotz zahlreicher kulturtheoretischer Annahmen im Zuschnitt ihres Theoriedesigns keine Rolle. Andere Autoren hingegen, die dem Minoritätentheorem anhängen, operieren mit einer gesellschaftspolitischen Zieloption, der multikulturellen Gesellschaft, ohne deren Möglichkeit systematisch und historisch-genetisch überhaupt hinreichend zu überprüfen. Zu Recht spricht deshalb Berger von einem "modernen Mythos".[126]

Zusammenfassend läßt sich also festhalten: Der gläserne Fremde (Giese) ist so gläsern noch lange nicht, wie die Forschungskritiker formulieren. U.a. fehlen in der bundesrepublikanischen Theoriegeschichte von Migration theoretisch orientierte Analysen, die den kulturellen Hintergrund der Problematik zu verdeutlichen in der Lage sind. Wieso kann bei sozialer Grenzziehung wahlweise auf Rassismus zurückgegriffen werden, wäre die erkenntnisleitende Frage. Ihrer Beantwortung möchte ich mich im folgenden genauer nähern, indem ich aufzuzeigen versuche, welcher Traditionsfundus zur Verfügung steht, der die Grenzziehung wahlweise tatsächlich möglich macht.

Kapitel 3

Die Entwicklung rassischer Vorstellungen im gesellschaftstheoretischen Denken seit Aristoteles

3.1 Vorbemerkung

Wenn Rasse ein soziales Konstrukt ist, wie eingangs erläutert, stellt sich natürlich die Frage, woher es kommt, bzw. woher seine zentralen Bestandteile kommen. Die bislang vorgestellten Theorien erweisen sich dabei als unzulänglich. Sie konstatieren zwar, daß es sich bei rassistischen Theorien um Herrschaftstheorien handelt, beim Rassismus um soziale Auseinandersetzungen um gesellschaftliche Ressourcen im weitesten Sinne, wieso Rasse aber und nicht eine andere Kategorie analyse- und handlungsmächtig werden kann, wird von ihnen nicht beantwortet. Der obige Verweis auf die Sinnproduktion des modernen Menschen deutet aber auch bereits an, daß es sich beim Rassismus um ein Phänomen der Moderne handelt, das sich aus allgemeineren Überzeugungen speist - Grundüberzeugungen, die zu ihrer weltbildlichen Orientierung gehören. Der Rassismus, rassische Ordnungsschemata von sozialen Beziehungen gehören zum festen Grundbestand des Weltbildes der Moderne, können in ihr immer wieder zur Entwicklung und Begründung sozialer Gliederungen benutzt werden. Der Rassismus ruht dabei auf drei Grundüberzeugungen auf: (1) der Notwendigkeit von Herrschaft und (2) den Methoden der Herrschaftsausübung sowie (3) der Legitimation gesellschaftlicher Unterschiede durch die Naturalisierung des Sozialen, d.h. den Versuch, soziale Über- und Unterordnung mit naturwissenschaftlichen Gesetzesanalogien zu begründen und festzuschreiben.

Es geht mir im folgenden Teil primär darum, einen bestimmten Typus des Denkens in seiner Entwicklung aufzuzeigen. Meine Ausgangshypothese ist, daß in der abendländischen Geschichte des Denkens sich ein bestimmter Fundus aufgebaut hat, der unter den konkreten Bedingungen des 19. Jahrhunderts schließlich in den modernen wissenschaftlichen

Rassismus als Element des Weltbildes der Moderne einmündete. Sicher gab es andere Denktraditionen, andere Stränge des Denkens. Mir geht es hier aber nur um diese Richtung. In dieser Tradition gibt es keine überhistorische Logik; die einzelnen Bestandteile des modernen Rassismus sind in sehr verschiedenen historischen Infrastrukturen entstanden und durch diese verändert worden. Es lassen sich jedoch verschiedene Schichten der Denktradition bloßlegen, und das soll geschehen. Im "Irrationalismus" des Nationalsozialismus, um eine Lukaczsche Charakterisierung aufzugreifen, steckt meines Erachtens eben doch eine Ordnung, ein Inventarium geistiger Zwänge, das es für ihn bzw. für seinen Rassismus und den Rassismus im allgemeinen zu entdecken gilt. Ich beziehe mich dabei ausschließlich auf die westliche Traditionsgeschichte.[1]

Mein Bemühen in diesem Teil ist darauf gerichtet, vorschnellen, gängigen Theoretisierungen des Problems entgegenzutreten, die die Analysen von Rassisten wie Rassismusgegnern im Lager der Wissenschaften immer wieder geprägt haben. Erinnert sei hier erneut an Castles und dessen Charakterisierung des Phänomens als Ideologie zur Verschleierung des Klassenkampfes. Dieser Ansatz kann die Funktionalität rassistischer Theoreme in kapitalistischen Gesellschaften möglicherweise erklären, ihre Genese aber nicht. Das hängt damit zusammen, daß das rassistische Reaktionsmodell kulturellen Ursprungs ist, ihm ein Weltbild - also eine symbolische Schematisierung der Welt - entspricht, auch wenn es im Rahmen des Klassenkampfes politischen Zielen dient und im 19. und 20. Jahrhundert zweifellos gedient hat. Um dieses Defizit funktionaler Erklärungen zu überwinden, greife ich auf eine, wenn auch eingeschränkte historisch-soziologische Argumentation zurück.

Die Entwicklung von Weltbildern unterliegt einem anderen Zeitduktus als die sozio-ökonomische Epocheneinteilung. Die Kultur stellt einen Traditionsfundus bereit, der epochal durchgearbeitet wird und Funktionalität erst entstehen läßt. Die Weltbilder sind Entwürfe, Modelle sozialer Organisation, die zunächst eine kontrafaktische Realität konstituieren. "Die durch evolutionäre Lernprozesse erzeugten strukturellen Innovationen in den Weltbildern, die die sinnhafte Orientierung sozialen Handelns leisten, erzeugen dann, wenn sie sozial implementiert werden, ein neues gesellschaftliches Organisationsprinzip. Implementierung soll heißen, Interaktionssysteme (Institutionssysteme) dadurch stabilisieren zu können, daß die Kapazität, Konflikte konsensuell zu regeln, erhöht wird".[2] Ob das konsensuell erfolgen muß, scheint mir fraglich.

Der Kapitalismus fand im mittelalterlich-christlichen Weltbild einen Traditionsfundus vor, der, in die neuen sozio-ökonomischen Bedingungen eingearbeitet, eine bestimmte Art von Funktionalität erlaubte, Rasse als funktionales Herrschaftsmittel möglich machte, also Konfliktlösungspotential darstellte. Rasse als Denkschema und Erklärungsmodell gesellschaftlicher Verhältnisse gab es lange vor dem Kapitalismus, und der Industriekapitalismus selbst strukturierte die Kategorie Rasse in spezifisch neuer Art und Weise. Beides soll im folgenden untersucht werden. Implizit steckt in diesem Vorgehen eine Kritik der Modernisierungstheorien, seien diese eher marxscher oder eher weberianischer Natur. Gegenüber einer Tradition-Moderne-Dichotomie, die diese immer wieder produzieren, inklusive der Ahistorizität und Eurozentriertheit der Erklärungsmodelle, möchte ich betonen, daß "... auch in modernen oder sich modernisierenden Gesellschaften starke Traditionen, verbindliche und in der Vergangenheit wurzelnde Verhaltensweisen überdauern".[3] Zweifellos ist die europäische Modernität geprägt von Ökonomisierung oder Rationalisierung der Lebenswelt - oder wie Eisenstadt sagt - von Rationalität, Nationalstaat und Klassengesellschaft,[4] aber auch von Sex und Rasse als gesellschaftlichen Ordnungsmodellen und nicht nur von Macht und Geld (Luhmann). Die Überwindung dieser, die gesellschaftliche Realität verkürzt wiedergebenden Modernisierungstheorien, deren Dominanz meines Erachtens das Problem Rasse in den Sozialwissenschaften zu einem Schattendasein verdammt hat, ist nur möglich durch weite kultursoziologische Ansätze. Einzelwissenschaftliche Ansätze greifen meines Erachtens zu kurz. Das soll im folgenden zunächst gezeigt werden, indem die Elemente der Entstehung des rassistischen Weltbildes herausgearbeitet werden. Erreicht werden soll damit eine Refokussierung der Rassismusanalysen und des Rassismusverständnisses.

3.2 Zur Vorgeschichte des Aufbaus des rassistischen Weltbildes

3.2.1 Rassismus in der Antike?

Ansichten von rassischen Unterschieden sind eingebunden in solche von der Natur des Menschen. Diese haben Sozialphilosophien schon früh zu ihrem Thema gemacht, wenn auch der Begriff Rasse neueren Datums ist. Für den englischen Sprachraum zum Beispiel datiert Banton[5] das erste Auftauchen des Begriffs auf 1508.

Für Vorstellungen über die Verknüpfung von Natur und Mensch ist Aristoteles von großer Bedeutung. Sein Terminus vom natürlichen Sklaven hat Generationen von Rassisten als Legitimation für die Unterlegenheit bestimmter Völker gedient. Ist also Aristoteles[6] der erste bedeutende Rassentheoretiker? Rechtfertigt er die Sklaverei mit Vorstellungen über die invariante Natur des Menschen, die bestimmten Gruppen notwendigerweise unterschiedliche Lebenschancen zuweisen muß, ist er also Rassist?

Im soziologischen Sinne ist Sklaverei zunächst eine Form abhängiger Arbeit, die immer mit anderen Formen koexistiert hat. Desweiteren ist Sklaverei eine Form von Ausbeutung, die im Kontext unabhängiger Arbeitsformen zu sehen ist. In Griechenland wie in Rom war Sklaverei ein Rechtsinstitut, dessen Funktion darin bestand, Arbeitsleistungen zu erbringen, die von freien Bürgern nicht erbracht wurden. Die spezifischen römischen wie griechischen Gesellschaftsstrukturen sind ohne Sklaverei nicht denkbar. Die Bedeutung der Sklaverei für die griechische wie römische Ökonomie ist unbestritten.[7] So charakterisiert Thomson die athenische Gesellschaft des 4. Jahrhunderts v.Chr. als eine, in der eine Klasse von Rentiers, die Vollbürger "... von ihrem unverdienten Einkommen lebten und körperliche Arbeit als eine Beschäftigung ansahen, die sich nur für Barbaren und Sklaven zieme".[8] Die Hauptquelle für die Beschaffung der Sklaven waren Eroberungen und Menschenraub, wobei für das Thema Rassismus bemerkenswert ist, daß die Griechen auch ihre eigenen Landsleute versklavten.[9] Für die arbeitsteilig-herrschaftliche Strukturierung der antiken Klassengesellschaften konnte die Rolle der Sklaven auch von Leibeigenen wie den Heloten in Sparta übernommen werden. Charakteristisch für diese Gesellschaften ist also nicht die Sklaverei, sondern die direkte Zwangsarbeit, die durchaus unterschiedliche Voraussetzungen annehmen konnte. Daß die Ausformung von Klassenunterdrückung in Rechtsinstituten nicht hinreicht, um kontestierte Klassenstrukturen aufrechtzuerhalten, vermag das Beispiel der Heloten drastisch zu beleuchten. In Sparta erneuerte der Magistrat jährlich eine Kriegserklärung gegenüber den Heloten, mit der diese zu Staatsfeinden, "polemioi", erklärt wurden. Diese Generalklausel erlaubte die Tötung der Heloten, ohne daß der Tötende im Konflikt mit der Religion geriet, die jede Tötung ohne Gerichtsprozeß verbot. Sicher ist dieses Beispiel einer Kriegserklärung gegenüber den eigenen Arbeitskräften einzigartig in der antiken Welt, beleuchtet aber sowohl die Fragilität der Klassenherrschaften wie die Ergänzung des Rechts mit den Mitteln physischer Gewalt zu ihrer Aufrechterhaltung.[10]

Die Begründung der Entstehung von Sklaverei als Auseinandersetzung mit Fremden ist angesichts der Versklavung der eigenen Landsleute wenig stichhaltig; die zuletzt von de Ste Croix erneuerte These der Sklaverei als Ausdruck von Klassenauseinandersetzungen eher plausibel. Es scheint mir nötig zu sein, Aristoteles, der selbst "metoike", also Ausländer, war, unter diesen Voraussetzungen zu lesen. Das Aristotelische Theorem des natürlichen Sklaven war in der antiken Welt die elaborierteste Form der Begründung der Sklaverei. Sie war, so wird wohl den Quellen zufolge anzunehmen sein, eingebettet in eine breite, Sklaverei bejahende Einstellung.[11]

Diesem Hauptstrom stellten sich wohl nur wenige Stimmen entgegen. Deren entscheidende argumentative Figur besagte, daß Sklaverei nicht nur mit der Natur nicht übereinstimme, sondern gegen sie gerichtet sei "ou kata physin - para physin". Auch die Ausbreitung des Christentums scheint die überwiegend positive Einstellung zur Sklaverei in der antiken Welt nicht verändert zu haben.[12]

Zwischenzeitlich dann wohl ohne größere Relevanz, erlebte das Aristotelische Theorem eine Erneuerung im Kontext der Judenverfolgungen seit dem 12. Jahrhundert n.Chr., besonders seit der Entdeckung und Eroberung Amerikas im 15. und 16. Jahrhundert, worauf noch einzugehen sein wird.

Bei Aristoteles ist der Mensch ein Tier, das sich von anderen Tieren durch Gehirn, Beine, Geist etc. unterscheidet,[13] und insofern waren Sklaven zwar Menschen, ihre Versklavung aber erklärungsbedürftig.[14] Sklaverei ist für Aristoteles ein natürliches Institut; es liegt im Interesse sowohl von Herren wie von Sklaven. "Denn ein Wesen, das vermöge seines Verstandes zur Voraussicht befähigt ist, ist von der Natur zum Herrschen und Gebieten bestimmt, ein anderes dagegen, das das Befohlene nur mit seinem Leibe ausführen kann, ist von der Natur zum Gehorchen und Dienen bestimmt. Deshalb haben Herr und Sklave dasselbe Interesse".[15] Die Beweisführung ist hier eindeutig legitimatorisch, auf Sicherung eines status quo bedacht. Dessen Aufrechterhaltung beweist jeweils die Überlegenheit der Herrschenden. Siegten die Unterdrückten, befreiten sich die Sklaven von ihrem Joch, so bewiesen sie ihre Herrschaftsfähigkeit und begründeten dadurch ihr Herrschaftsrecht. Diese Aristotelische Argumentation wird vorgetragen mittels einer empirisch biologischen Methode,[16] die menschliches Handeln mit Vorstellungen von Natur in Analogie setzt. So ist Aristoteles der Mensch "von Natur ein staatstragendes Wesen",[17] das im Staat seine höchste Vollendung findet. Voraussetzung dafür ist ein bestimmter Zustand der Hausverwaltung, der Wirtschaft, der Familie und Dienerschaft, ein Zustand, der Herrschaft verlangt und die Menschen deshalb in zwei Gruppen differenziert: solche, die von der Natur zum Herrschen geboren sind, und solche, die zum Dienen und zwar als Freie oder als Sklaven geboren sind.[18] Die Aufgabe des Staates ist es, diese natürliche Ordnung zu erhalten, indem sie "... den Seelen der Menschen (eingepflanzt)" wird.[19] Das kann durch die Übung im Kriegswesen geschehen, dessen Aufgabe in erster Linie ist "... selbst nicht anderen dienen zu müssen; ferner um die Führung zum Nutzen der Beherrschten zu gewinnen, aber nicht um alle Welt zu unterjochen, drittens um solche zu beherrschen, die die Knechtschaft verdienen".[20] Dieses "Verdienen" ist in der Natur angelegt, argumentiert Aristoteles in der "Politik"[21] und lehnt damit alle konkurrierenden Vorstellungen von der Freiheit des Menschen ab. Versklavung ist das natürliche Recht des Stärkeren, seine Tüchtigkeit, "... und es ist insofern immer auf der Seite des Siegers ein Übergewicht des Guten".[22] Der Mensch ist ein von Natur mit Verstand begabtes Wesen, doch jene Gruppen, "... die von der Natur zum Dienen bestimmt sind ... besitzen ihn nur begrenzt. Die Fähigkeit zu Überlegen entbehrt zum

Beispiel der Sklave ganz, das Weib besitzt sie, aber ohne ihr Geltung verschaffen zu können. Das Kind hat sie ebenfalls, aber noch unentwikkelt".[23] Als unterworfenes, für dienende Arbeit geschaffenes Wesen ist es die Aufgabe des Herrn dem Sklaven, dem Weibe etc. "... die ihm geziemende Tugend ..." beizubringen.[24]

Bemerkenswert ist hier diese moderne Auffassung, daß der Sklave zu solchem gemacht werden muß, Ausdruck einer Unsicherheit Aristoteles, dem nicht entgeht, daß Sklaverei durch Machtausübung entsteht und daß die Tugend mancher Sklaven die der Freien überragt. Letzteres ist für ihn aber lediglich Resultat falschen Verhaltens des Herrn, denn die Beziehung ist als natürliche der Reflexion ihrer möglichen Veränderung letztlich entzogen, Resultante eben jener empirisch biologischen Methode sowie ihrer inhaltlichen Prämisse von der Sklaverei als natürlichem Institut.

Wir finden also bei Aristoteles bereits ähnliche Elemente wie in Rassentheorien:

- Soziale Ungleichheit wird in Termini natürlicher Anlagen erklärt;
- die sozialen Rangunterschiede als natürliche sind im besten Interesse der beteiligten Gruppen und im Einklang mit der natürlichen Ordnung;
- die Natürlichkeit der Rangunterschiede wird aus Taxonomien aus dem Bereich der Tierwelt, der Pflanzenwelt, der Mineralien oder ähnlichem qua Analogieschluß abgeleitet: bei Aristoteles in einem empirisch-biologischen Verfahren;
- Veränderungen in den sozialen Beziehungen resultieren aus Fehlern der Herrschenden, überformen die natürliche Ordnung, ohne sie aber verändern zu können.

Durch das Recht des Stärkeren als legitimationskonstitutierende Instanz wird sozialer Wandel zugelassen, ohne daß das Prinzip, daß es qua Natur Herrschende und Beherrschte gibt und geben muß, angetastet wird. Das heißt, die sozialen Rangunterschiede werden letztlich nicht biologisch, sondern kulturell begründet. Aristoteles hat folglich keine Rassentheorie erdacht.[25] Er hat eine Herrschaftstheorie geschrieben, die auch zur Legitimation rassistischer Systeme benutzt werden kann. Entscheidend für ihn selbst ist aber nicht ein invarianter Schatz menschlicher Anlagen, sondern die Unverzichtbarkeit von Herrschaft als einem sozialen Verhältnis, das Menschen als Sklaven verlangt. Nur so kann für ihn das Chaos gebändigt, menschlicher Fortschritt erreicht werden. Aristoteles Theorie ist eine Gesellschaftstheorie, die soziale Beziehungen zwischen Klassen, die über unterschiedliche Produktionsmittel verfügen, in ihrem Mittelpunkt hat. Die sozialen Beziehungen sind soziale Fakten (Durkheim), keine natürlichen, dem angeborenen Verhaltensfundus zuzuschreibende Elemente. Sklaven müssen, wie wir gesehen haben, zu solchen gemacht werden. Nicht die Natur macht also den Sklaven zum Sklaven, sondern die notwendige herrschaftliche Verfügungsgewalt über Menschen als Resultat kriegerischer Unternehmungen externer wie interner Art. Der Begriff des natürlichen Sklaven bezieht sich auf diesen Zustand. Menschen zu Sklaven zu machen, wird legitimiert und damit die Macht der herrschenden Klassen, die in Griechenland eben auf Landeigentum und Zwangsarbeit begründet war.

In bezug auf die Arbeitsvermögen der verschiedenen Gesellschaftsmitglieder heißt das, daß sie prinzipiell gleich sind. Der Ort der Gesellschaftsmitglieder im sozialen Gefüge wird über Rechtsinstitute ausdifferenziert, nicht durch inhärente Eigenschaften der verschiedenen Arbeitsvermögen präfiguriert. Der antike Sklave ist Sklave, weil er Kriegsbeute im weitesten Sinne wurde; seine Leistungskapazitäten entsprechen denen der Griechen. Deshalb konnte es unter den Sklaven auch Dichter, Lehrer, Bildhauer etc. geben. Der US-Sklave in Virginia dagegen wurde Sklave wegen seiner Hautfarbe - um es überspitzt zu formulieren. Diese symbolisiert spezifische natürliche und kulturelle Defizite im Arbeitsvermögen, die die Inferiorität der Afrikaner begründen, ihr Arbeitsvermögen strukturieren und ihren Ort und Einsatz im Ensemble der gesellschaftlichen Verhältnisse festlegt. Für den schwarzen Minenarbeiter in Südafrika gilt entsprechendes. Verlangte die Staatsräson im praktischen Leben Griechenlands Sicherungsmechanismen anderer Art, so wurden Besiegte, Fremde, Barbaren aber nicht ausgegrenzt, sondern eingeschlossen. Alexander der Große konnte folglich eine persische Prinzessin, eine Barbarin, heiraten und ebensolches von seinen Generälen verlangen.[26] Infolgedessen konnte auch das Freikaufen wie die Schenkung als Befreiung der Sklaven zu den Rechtsinstituten Griechenlands gehören. Exsklaven wurden in Athen Metoiken, Ausländer mit ständigem Wohnrecht.[27]

Die Situation in Rom[28] war von der in Griechenland nicht prinzipiell verschieden. Auch hier beruhte die Macht der Herrschenden auf Landeigentum und Zwangsarbeit, wiewohl diese nun stärker ausdifferenziert wurde.[29] Bezugspunkt der folgenden Betrachtung ist vorrangig die Phase der Imperien.

Die sinkende ökonomische Bedeutung der Sklaverei dieser Phase läßt sich mit der besseren Rechtsposition der Sklaven in Rom verknüpfen, die in allen gesellschaftlichen Bereichen zu finden waren: in der Landwirtschaft, im Bergbau, in der Verwaltung, in den Handwerken und Manufakturen. Sklaven arbeiteten als Künstler und Handwerker, Vorarbeiter, Manager, Henker und Ärzte. Sie arbeiteten gemeinsam mit Freien und wurden wie diese bezahlt. Sie gehörten den gleichen religiösen Gemeinschaften an[30] und heirateten trotz Nichtanerkennung des Heiratsinstituts bei Sklaven durch das römische Recht. Während sicher viele Sklaven - Zahlen, die sich zu validen sozialwissenschaftlichen Aussagen kompilieren ließen, liegen leider nicht vor - unter extremsten Bedingungen zu arbeiten und zu leben hatten,[31] lebten und arbeiten andere auf eigene Rechnung und bezahlten ihre Herrn aus ihrem Einkommen. Das Rechtsinstitut Sklaverei näherte sich in diesen Fällen dem der Zinsknechtschaft. Reiche Sklaven kauften gar eigene Sklaven, die sie für sich arbeiten ließen. Ähnliche Differenzierungen im Sklavenstatus sind aus der griechischen Geschichte nicht bekannt.[32]

Das Freikaufen wie die Befreiung als Schenkung war gängiges Rechtsinstitut und wohl auch verbreitete Praxis, die durch zinsknechtschaftliche Ausbeutungsformen für befreite Sklaven wie durch gewisse Solidarformen, quasi Spargemeinschaften, gestützt wurde. Exsklaven bekamen einen festen Platz als Freie, "libertinus"[33] in der Ordnung Roms. Ihre Kinder waren automatisch Vollbürger, wenn sie auch mögliche Lasten aus der Ablösung ihrer Mütter oder Väter aus dem Sklavenstatus weiter zu tragen hatten, was wahrscheinlich die Befreiung zu einem durchaus lukrativen Geschäft für die Sklavenhalter machte.[34] St. Croix nennt Beispiele für Senatoren, Konsuln und einen Imperator und auch Beispiele für sehr große Vermögen, die ehemalige Sklaven hatten sammeln können.[35]

All das legt nahe, den Status des Sklaven auch in Rom als reines Herrschaftsverhältnis zu interpretieren, das nicht auf angeborenen, unveränderlichen Merkmalen, die die soziale Stellung naturnotwendig definieren, beruhte. "Die Römer akzeptierten Sklaverei als etablierte Tradition, als ein Produkt des Krieges, ohne moralische Fundierung. Auf dieser Basis erwuchs ihre Bereitschaft, Exsklaven als römische Bürger zu akzeptieren, angelehnt an den existenten Status der Zinsknechtschaft".[36]

Das aristotelische Theorem des "natürlichen Sklaven" war auch die sozialwissenschaftliche Standardtheorie in Rom.[37] Im eher populären Denken war Sklaverei Ausdruck unglücklichen Schicksals. "Das griechische und das römische Denken zum Thema Sklaverei seit der hellenistischen Periode ist nahezu ohne jede Ausnahme eine wenig begeisternde Variation eines einzigen Themas: wie Armut und Krieg, Freiheit, Reichtümer und Frieden ist der Zustand der Sklaverei eher das Resultat eines Unglücks oder Glücks als von Natur. Ihm kann mit Gleichgültigkeit begegnet werden, da nur Fremde von ihm betroffen werden (...); der gute und weise Mensch ist niemals "wirklich" ein Sklave, selbst wenn das zufällig seine aktuelle Lebenssituation darstellt, sondern er ist "wirklich" frei; nur der schlechte Mensch ist "wirklich" Sklave, denn er ist Gefangener seiner eigenen Lüste: dieser Satz von Ideologien ist sicherlich ein wundervoll beruhigender für Sklavenhalter".[38] Das ist dieser Satz von Ideologien zweifellos, aber er baut eben nicht auf natürlichen Anlagen auf oder solchen, die kulturell in der Vergangenheit so geformt worden sind, daß Wandel nur in großer Zukunft möglich ist. Die Erklärung von Herrschaft als für Gesellschaften grundsätzlich notwendig, ist etwas anderes als die Erklärung des Status von Herrschaftsunterworfenen als Produkt invarianter Natur.[39]

Die Ausdifferenzierung des Rechtsinstituts gegeben, blieben die Sklaven nichtsdestotrotz Sache, "res", "instrumentum vocale". Sein Verlust an Abgrenzungsschärfe gegenüber den "unterbäuerlichen" Schichten gilt gemeinhin als Erklärung dafür, daß Sklaverei sich in Rom mit einem höheren Grad physischer Gewalt gegenüber den "res" verband als in Griechenland,[40] ein Phänomen, was im Zuge dieser Arbeit auch an anderer Stelle noch auftauchen wird, wo es ebenfalls um die Erschütterung sozialer Positionen geht, seien diese materiell oder eher immateriell. Sklavenrevolten wurden in Rom unerbittlich verfolgt, "... individuelle Tötungsdelikte oft mit Gruppenmorden beantwortet".[41]

3.2.2 Das "corpus christianum" und seine "Ausländer"

Die Ausbreitung des Christentums in der antiken Welt hatte keinen Einfluß auf die Sklaverei jener Zeit. Das Christentum fügte den Erklärungsansätzen zur Sklaverei keine Elemente hinzu, die als Rassismus zu interpretieren wären. Die christliche Religion baute sich quasi in die bestehenden Strukturen ein; Sklaverei als gesellschaftliches Faktum akzeptierend und in ihrem Denken legitimierend.[42] Was bei Aristoteles Produkt notwendiger Formen der Vergesellschaftung ist,[43] wird nun göttliche Fügung, wird Gottes Strafe für die Sünden Adams.[44] Um Rassismus handelt es sich dabei jedoch nicht, die Herrschaftskategorie bleibt universalistisch,[45] kein partikulares, askriptives Kennzeichen von Menschen tritt als Abgrenzungselement von Gruppenzugehörigkeit hinzu und wird zur Natur erklärt. Vergesellschaftung bedarf der Herrschaft; im Geiste der christlichen Religion jedoch sind alle Menschen gleich, auf Erden aber notwendig ungleich. Doch selbst diese Gleichheitsvorstellung im Geiste sollte nicht von Dauer sein.

Herrschaft als wesensnotwendig für Vergesellschaftung zu bestimmen, war der theoretische Beitrag Aristoteles' zur Entwicklung des rassistischen Theorems. Das ist nicht in dem Sinne zu verstehen, daß Aristoteles' Theorie den Rassismus vorbereitet habe, sondern daß mit der aristotelischen Herrschaftstheorie logisch ein Element entstanden ist, daß zum Rassismus dazugehört. Eine Theorie über den Rassismus verlangt mindestens zwei systematische Elemente. Erstens ist Rassismus als eine Form von Herrschaft zu bestimmen, die als naturnotwendig sich erklärt. Zweitens ist die Möglichkeit, naturnotwendig vom Inhalt her zu bestimmen, nicht unbedingt darauf verwiesen, daß hier Gesetz und Staat als Begründungszusammenhang angeführt werden, sondern es kann auch - wie wir sehen werden - auf natürliche Unterschiede zwischen den Menschen, ein generelles Konkurrenzprinzip oder eben auf die invariante Natur des Menschen, die ein bestimmtes Verhalten produziere, verwiesen werde. Beide Elemente verschmelzen im Rassismus. Mit Aristoteles Herrschaftstheorie ließen sich also gesellschaftliche Hierarchien erklären und legitimieren. Rassismus ist aber mehr als eine derartige Herrschaftstheorie. Das herrschaftsbejahende Element stellt nur eine Schicht des rassistischen Theorems dar. Dazu müssen weitere kommen, wie oben erläutert: die Naturalisierung des Sozialen wie die Absonderung der als rassisch anders oder minderwertig klassifizierten Gruppen. Historisch entstehen diese weiteren Elemente von Theorie und Praxis des Rassismus ca. seit dem 11. Jahrhundert.

Wenn ich mich im Folgenden insbesondere auf die Entwicklung des Antisemitismus beziehe, so intendiere ich damit nicht, andere gesellschaftlich bedeutsame Fakten auszuschließen, die für den modernen Rassismus relevant geworden sind. Das gilt zum Beispiel für den Nationalismus mit seinen dominanten Elementen: Territorium, Sprache, Recht und Tradition.[46] Die Entwicklung eines Weltbildes impliziert jedoch eine strukturlogische, stringente Abfolge in der Geschichte. Für das Element Rassismus im modernen Weltbild heißt das, jene Elemente der Geschichte aufzuspüren, die als zentrale Bestandteile des modernen Rassismus gelten können. Der Nationalismus als ethnozentristische Einstellungsform und Handlungsweise kann den Rassismus befördern, er gehört aber nicht essentiell zu ihm dazu.

Die Phase der Kreuzzüge stellt in der Entwicklung dieses Weltbildes einen gewissen Wendepunkt dar,[47] indem sie das Abgrenzungsbedürfnis gegenüber Juden und Türken erheblich steigert. So formuliert Detweiler: "Juden, Türken und Heiden stehen gegen das christliche Europa und dienen als Vorläufer des Konzepts der fremden Rassen".[48] Das Abgrenzungsbedürfnis gegenüber Juden resultiert aus der Grenzsituation der beiden monotheistischen, stark missionarisch orientierten Religionen und besteht seit ihrer Entwicklung.[49] Aber erst als das Christentum staatstragend wird, wird die in den Juden sich darstellende Konkurrenz auch zu einer Bedrohung der sozialen Rolle der Kirche und ihrer Mitglieder sowie der Gesellschaft und ihrer Schichtungsstruktur.

Das Judentum wie später auch die Ketzer waren eine ständige Irritation des sich festigenden christlichen Weltbildes, das dazu tendierte, alle sozialen Phänomene auf ein Innen und Außen in bezug auf die Welt des "corpus christianum" zu formieren. Typisch allerdings blieb, daß der Gegensatz Natur - Kultur weiterhin im modernen Sinne unaufgeklärt blieb. Die äusserliche Natur blieb Teil der Kultur, der christlichen Kultur, der christlichen Religion. Die Verletzung von in der Religion kodifizierten sozialen Regeln konnte deshalb zum Beispiel Naturkatastrophen zur Folge haben. Dieses Phänomen begleitet das gesamte Mittelalter bis zur Entstehung der modernen Wissenschaften. Der theologische Anti-Judaismus beeinflußte allerdings zunächst die soziale Rolle der Juden im westlichen Europa kaum. Zwar gab es seit der Staatskirchenschaft für Juden das Verbot, christliche Sklaven zu erwerben oder mit ihnen zu handeln, waren Mischehen verboten und teilweise war Juden der Zugang zu öffentlichen Ämtern versagt. Die Taufe machte sie aber zu vollwertigen christlichen Mitgliedern, und viele Juden christianisierten sich. Es scheint auch, daß die legalen Rechtsbeschränkungen häufig eher Theorie denn Praxis waren, zumindest unter den Merowingern und den Karolingern. "Wie so oft widerlegt die Praxis die Theorie: Wir finden zahlreiche Juden in der Umgebung der führenden Personen jener Zeit, insbesondere der Karolinger; zahlreiche Christen bis in die nobelsten Familien hinein heiraten Juden. Die durch die Kirche inspirierte anti-jüdische Gesetzgebung läuft der Evolution der Gedanken weit voraus. Sie begründet noch keinen realen Anti-semitismus, sie erleichtert ihn aber in dem Augenblick, wo die ökonomischen und sozialen Veränderungen dem Gedankengut erlauben, sich in den Sitten zu verankern ...".[50]

Der Sozial- und Rechtshistoriker Kisch vertritt die These, daß weder die spezifische Rechtsposition, das Verbot geschlechtlicher Beziehungen, die spezifischen sozialen Aufstiegsmöglichkeiten noch die verlangten Etikettierungen von Juden und ehemaligen Juden den Schluß zulassen, daß hier rassistische Abgrenzungen vorgenommen würden. "Nichts davon hat irgendwelche Verbindungen mit oder Implikationen für die Entstehung des Rassismus".[51] Seiner Meinung nach seien rassistische Betrachtungen notwendigerweise unvereinbar mit dem universalistischen Konzept der Kirche gewesen; hätten der christlichen Religion sowie der kirchlichen Lehre widersprochen. Die Befunde anderer Historiker lassen eine solche Einschätzung nicht zu.[52] Die Argumention scheint auch nicht logisch. Kisch scheint den Judenmord im Auge zu haben, für den sicher gilt, daß er gemäß kirchlicher Mehrheitsmeinung nicht legitimiert werden konnte, entzieht er der Kirche doch ein potentielles Mitglied, und für den auch gilt, daß es ihn bis zum 11. Jahrhundert im westlichen Europa in massenhafter, progromartiger Form nicht gegeben hat. Doch die Haltung der kirchlichen Würdenträger scheint seit ca. dem 8./9. Jahrhundert recht eindeutig und konstant zu sein, wie sich an den weitverbreiteten Schriften wie "adversus Judaeos" und anderen ablesen läßt. Ihre Analyse veranlaßt Isaac zu dem Schluß, daß sich die Haltung der Kirche etwa so zusammenfassen ließe: "... Verachten wir die verdammten Juden, isolieren wir sie rigoros; keine sozialen Beziehungen zu Christen seien ihnen erlaubt. Ansonsten lassen wir sie in Ruhe und beten für ihre Erlösung".[53] Die Charakterisierung von Kisch mag möglicherweise bis ins 11. Jahrhundert historisch eine gewisse Berechtigung gehabt haben. Doch in der Richtung des reformierten Papsttums lag entschieden eine Abkehr von der relativen Milde - produziert durch das Bekehrungstheorem -, die der kirchliche Klerus bis dahin gegenüber den Juden als Herausforderung ihres Weltinterpretationsmonopols geübt hatte. Die Auseinandersetzungen zwischen Papsttum und weltlicher Macht brachten die Kirche in die Lage, ihren beanspruchten Primat in der Herrschaftshierarchie durch die Herstellung innerer Geschlossenheit und äußerer Kohärenz zu untermauern. Ketzer, Hexen und Juden bedrohten diesen Primat, führten zu immer schärferen Maßnahmen der Segregation. "Der religiöse Unterschied hinderte jeden inneren Ausgleich, und je größere Bedeutung im Zeitalter der Kreuzzüge die Religion für das deutsche Volksleben gewann, je tiefer die Lehren der Kirche in den Gemütern Wurzeln schlugen, um so höher wurde die Scheidewand zwischen Christen und Juden. Ob der Klerus sich mehr oder weniger tolerant zeigte, konnte nicht entscheidend wirken".[54] Mit anderen Worten gesagt, nicht so sehr die religiöse Überzeugung des Klerus, sondern der sich verstärkende Prozeß absondernder, gesellschaftlicher Positionierung, der religiös fundiert war, ist die zentrale Ursache für Judenprogrome, Ausweisungen, Vertreibungen und Ausrottungsversuche, die sich seit den Kreuzzügen entwickeln. Wie geschieht nun diese Absonderung, diese Segregation?

Gegen Kisch ist auch einzuwenden, daß er ein zentrales Charakteristikum des Rassismus verkennt, nämlich den Zuschreibungsmechanismus. Scharf formuliert meine ich damit, daß Rasse ein gesellschaftliches Produkt ist, keine natürliche Eigenschaft von Populationen. Der Rassenbegriff in sozialwissenschaftlicher Sicht macht nur Sinn, wenn er zugleich mit Positionierungen aufgrund der rassischen Merkmale der verschiedenen Gruppen verknüpft wird, das heißt, wenn mittels zugeschriebener rassischer Merkmale die gesellschaftlichen Ressourcen entsprechend unterschiedlich verteilt werden können. Kisch scheint sich Rasse dagegen eher wie ein natürliches Faktum vorzustellen.

Der Antisemitismus entwickelt seit dem 11. Jahrhundert Zuschreibungsmechanismen, den Prozeß der Etikettierung, dessen Ergebnisse als Traditionsfundus des Weltbildes auch bei seiner Veränderung genutzt werden konnten. Insofern entsteht in dieser Zeit eine weitere Schicht im Weltbild der Moderne, das eben auch den Rassismus beinhaltet. Es ist die Kenntnis eines Herrschaftsmechanismus, mit dem die Notwendigkeit von Herrschaft praktisch gewendet werden kann. Wer diese Notwendigkeit vertritt, muß notwendigerweise über Formen nachdenken, mit der sie praktikabel wird. Das heißt, er muß Gewinner und Verlierer in den sozialen Auseinandersetzungen sortieren bzw. ein Verfahren entwickeln, das diese Herrschaftspraxis handhabbar und möglicherweise zustimmungsfähig macht.

Was sind nun diese Mechanismen der Zuschreibung, die Segregation ermöglichen und auch logischer Bestandteil moderner Rassismustheorien sind? Wenn ich mich oben in der Behandlung von Aristoteles eher auf der Ebene der Begründung von Herrschaft bewegt habe, so nun auf der Ebene der Ausbildung jener Mechanismen, die einen spezifischen Typus der Herrschaftsausübung begründen und legitimieren. Für Aristoteles ging es darum, zu erklären, warum Herrschaft notwendig ist und warum Sklaven ihr notwendigerweise unterworfen werden müssen. Die Geschichte des Antisemitismus seit ca. dem 11. Jahrhundert entwickelt das "wie" der Unterwerfung als Prozeß gesellschaftlicher Differenzierung, der schließlich die Juden als diffuse gesellschaftliche Gruppe gegenüber anderen gesellschaftlichen Gruppen begründet. Unter diffusen gesellschaftlichen Gruppen verstehe ich solche, die sich nicht primär durch ihre Funktionen definieren lassen, also dadurch, was sie tun, sondern dadurch, was ihre Mitglieder sind.[55] Wie sie dazu werden, was sie sind, darum wird es im Folgenden hauptsächlich gehen.

Vor den Kreuzzügen war es zu einem hohen Grad der Vermischung der beiden religiös bestimmten Gruppen gekommen. Juden galten nach der "Lex Romana Wissigothorum" (506 n. Chr.) von Alarich II. als Römer.[56] Die Dokumente berichten von jüdischen Grundbesitzern, Handwerkern, Mischehen, Sklavenbesitz bei Juden und außerordentlicher Wertschätzung ihnen gegenüber.[57] "Die Vorstellung, ... daß zwischen

Juden und Christen fortdauernd erbitterte Feindschaft obwaltete, ist ein noch neuerdings wiederholter Irrtum".[58] Noch im 9. Jahrhundert finden wir Juden in allen Berufen.[59] Auch bildnerische Darstellungen differenzieren nicht zwischen Juden und Christen. Diese Situation der relativen Integration ist um so erstaunlicher, als in den ersten Jahrzehnten des 5. Jahrhunderts bereits jene Grundsätze festgelegt wurden, die die Stellung der Juden im christlichen Staat regelten. Obwohl manches davon in den folgenden Jahrhunderten verändert wurde, so blieben die Grundgedanken doch überall dort maßgebend, wo immer römisches Recht galt bzw. dort, wo diese Rechtselemente ins kanonische Recht der Kirche übernommen wurden. Rechtssetzung und soziale Praxis scheinen allerdings zunächst recht weit auseinandergeklafft zu sein. Nach den Buchstaben des Gesetzes waren Juden und Samariter von allen Ämtern und Würden des Staates ausgeschlossen. Der Synagogenbau war verboten, jedwede Bekehrungsarbeit ebenso. Der Sklavenbesitz für Juden war untersagt, obwohl mit Bibel und Talmud nach damaliger religiöser Auffassung vereinbar.[60] Der Erwerb von Grundbesitz war rechtlich nicht möglich. Trotz entsprechender und wiederholter Konzilsbeschlüsse scheinen die Einschränkungen auf das Wirtschaftsleben der Juden allerdings gering gewesen zu sein.[61] Die immer wieder beschlossenen Zwangsbekehrungen waren wohl von geringem Erfolg. Auch über das Gebot der Endogamie, das heißt der Verweigerung der legalen Ehe, des Konnubiums mit Außenstehenden, gilt in dieser Phase Widersprüchliches festzuhalten. Wie bei manchen isoliert lebenden Völkern beobachtbar, haben auch verschiedene Religionsgemeinschaften wie das Judentum, der Hinduismus, der Islam und das Christentum dieses Gebot ausgebildet. Ganz allgemein dient es zur Herstellung und Sicherung innerer Geschlossenheit. Im Mittelalter des westlichen Kulturbereiches richtet es sich unter anderem gegen die Juden; allerdings scheint es nicht sonderlich wirkungsvoll gewesen zu sein, da Mischehen keine Seltenheit waren. Ansätze der Ab- und Ausgrenzung auf der Basis des hochmittelalterlichen Weltbildes gegenüber Juden und Heiden, Ketzern etc. waren also in Theorie und Praxis vorhanden, sie entwickelten sich zunächst aber noch nicht zur systematischen Sonderstellung der Juden im gesellschaftlichen Prozeß fort.

Trotz christlich-religiös bestimmter antijüdischer Propaganda berichtet bis ins 11. Jahrhundert "... keine Chronik von Ausbrüchen des Volkszorns gegenüber den Juden ...",[62] obwohl das Hochmittelalter seit dem 5. Jahrhundert nach Isaac als "... Periode des ökonomischen und intellektuellen Niedergangs, der großen Konfusion, des Chaos und indirekt des Obskurantismus und der historischen Unsicherheit, ..."[63] zu charakterisieren sei. Das heißt, der entstehende Antisemitismus findet zwar eine allgemeine kulturelle Krise vor, diese reicht aber nicht aus, um Antisemitismus als Massenphänomen zu begründen. Festzuhalten bleibt aber, daß seine Entstehung in diese allgemeine Krise eingebettet ist.

"Nichts war gefährlicher für die Expansion des Christentums in die heidnische Gesellschaft als die offene, erbitterte und überall gegenwärtige Opposition des 'Volkes der Bibel', jener Bibel, auf die sich der christliche Glaube berief".[64] Das galt natürlich insbesondere seit dem Zeitpunkt, wo Christentum Staatsreligion geworden war, sinnkonstituierende Prozesse in immer stärkerem Maße durch dieses Nadelöhr gepresst werden mußten. Da Natur und Kultur noch nicht als ausdifferenzierte Bereiche geschieden waren, implizierte die religiöse Weltinterpretation zugleich Aussagen über die Natur des Menschen und der Welt im normativen Sinne wie Interpretationen der vergesellschafteten Individuen. Naturkatastrophen wurden deshalb zu Katastrophen in der Natur und zu Störungen wegen gesellschaftlicher Fehlentwicklungen. Stärker historisch formuliert: Der normative Charakter der Staatsreligion implizierte das gesellschaftliche Monopol über sinnkonstituierende Interpretationen von zum Beispiel Naturkatastrophen als kausal begründet im gesellschaftlichen religiösen Fehlverhalten. Die monopolistische Weltinterpretation des Christentums vorausgesetzt, konnten Personen wie die Juden, die sich dem Monopol entzogen, als Störfaktoren begriffen und als solche ausgesondert werden. Das Staatskirchentum hat diese Politik auch immer verfolgt. Der alleinige Blick auf die Progrome seit dem 11. Jahrhundert versperrt aber eher den Blick für diese Entwicklungen, die allmählich - ca. seit dem 5./6. Jahrhundert - eine segregierte Gesellschaftsstruktur schaffen, die funktionale Möglichkeiten der Behandlung des Problems "Juden" in christlichen Gesellschaften für Kirche und weltliche Macht beinhalten, wenn auch die sozialen Auseinandersetzungen in all ihren Einzelheiten von den beiden Machtzentren nicht immer intendiert worden sind.

Erste massenhafte Konflikte zwischen Christen und Juden entstehen aus Gerüchten über die Grabschändung in Jerusalem sowie die Christenverfolgung dort. Racheaktionen gegen die Juden finden in Rouen, Orléans, Limoges (1010), Mainz (1012) sowie in anderen rheinischen Städten und auch in Rom statt. Sie nehmen drei Formen an: Zwangsbekehrung, Ermordung, Vertreibung. Doch zunächst bleiben diese Ereignisse episodenhaft,[65] weil die widersprüchliche Haltung der Kirche selbst nach wie vor bestand, nämlich einerseits zwischen Bekehrungsdruck und Lebensschutz der Juden schwankend, andererseits über Jahrhunderte mittels einer militanten Theologie durch "... ein System der Restriktionen, des Ausschlusses und der Erniedrigung"[66] den Juden als potentiellen gesellschaftlichen Außenseiter indirekt konstituiert zu haben. Zudem war dieser Etikettierungsprozeß noch kaum abgeschlossen. Trotz aller Segregationsversuche hatte es, wie gesagt, einen hohen Grad der Vermischung gegeben und trotz aller religiösen Verdammungsurteile gegenüber den obstinaten Juden blieben Juden und Christen, jenseits ihres Ritus, in der Gesellschaft nahezu ununterscheidbar. Die Konflikte mußten folglich diffus bleiben, konnten nicht gezielt für bestimmte Herrschaftsinteressen funktionalisiert werden.

Das änderte sich im Zuge der Kreuzzüge. Nachdem Papst Urban II. auf dem Konzil von Clermont-Ferrand den ersten Kreuzzug gepredigt hatte, entwickelte sich eine breite Volksbewegung. Sie bestand aus zwei Gruppen, wie Poliakov minutiös rekonstruiert.[67] Den eigentlichen Kreuzzüglern und sie begleitenden marodierenden Massen. Für diese seien die Kreuzzüge eher Vorwände gewesen, Beutezüge zur individuellen Bereicherung zu veranstalten. Poliakov spricht von Banden, die die Massaker in Speyer (1096), Worms, Mainz, Köln, Metz, Bamberg und anderen deutschen Städten begingen. Diese Banden bleiben Phänomene bei allen folgenden Kreuzzügen bis hin zu jenem der "Pastoureau" von 1320, der eine Schneise von Mord, Terror und Raub von Nordfrankreich bis Nordspanien schlägt.[68] Das wirtschaftliche Motiv zur Erklärung des Umschwunges in der Behandlung der Juden scheint mir jedoch unzureichend. Sicher spielte bei den Motiven, sich den Kreuzzüglern anzuschließen, die Hungersnot in Frankreich eine Rolle, doch eine schlüssige Begründung für die Judenprogrome von 1096 ist das nicht, insbesondere auch, da diese sich primär in Deutschland abspielten und nicht in

Frankreich.[69]

Das wirtschaftliche Motiv erweist sich auch im Kontext der Progrome bei anderen Kreuzzügen als unzureichend zur Erklärung. Die Auseinandersetzungen zwischen Kirche und Staat um den gesellschaftlichen Primat, also Investurstreit und die Bürgerkriege in ihrem Gefolge zerrütteten die Ökonomie, führten zu gravierenden Veränderungen der Grundherrschaften mit ihren Villikationsverfassungen. Gaben sie unfreien und minderfreien Hintersassen größere Bewegungsfreiheit, so gaben sie die nicht in die Grundherrschaften eingefügten Teile der Landbevölkerung "rechtloser Gewalttat" (Caro) preis. Ob die Banden sich aus diesen Teilen der Landbevölkerung zusammensetzten, wissen wir nicht. Allerdings scheint sicher zu sein, daß es bei diesen Gruppen kaum finanzielle Abhängigkeit von Juden gegeben hat,[70] so daß eine enge ökonomische Interpretation der Vorfälle unzureichend erscheint. Die Juden zum Ziel von Abwehrkämpfen verelendender Schichten zu erklären - einmal unterstellt, die Poliakovschen Banden bestanden aus ihnen - scheint nur in einem breiteren kulturspezifischen Ansatz möglich.

An der im 12. Jahrhundert erfolgenden deutlichen Steigerung von Geldzirkulation und Warenumsatz waren Juden wie Christen beteiligt. Aber das Bild des jüdischen Wucherers taucht jetzt auf und wird wohl als Bedrohung auch von jenen erlebt, die selbst noch vorwiegend in Naturalwirtschaft verhaftet waren. Das war möglich, weil das Bild des jüdischen Wucherers - unabhängig von seinem Wahrheitsgehalt und den konkreten Erfahrungen im Umgang mit einem jüdischen Wucherer - auf der religiösen Vorstellung vom Verräter und Mörder Jesu, Judas als dem wahren Juden, aufbauen konnte. Eine Sonderstellung bezüglich des Geldhandels besassen die Juden real noch nicht. Die Gleichartigkeit ihrer wirtschaftlichen Aktivitäten war noch nicht durchbrochen. Allerdings schreitet auch auf diesem Gebiete die Segregation der Juden sowie die Festschreibung auf bestimmte gesellschaftliche Aktivitäten in Deutschland, Nordfrankreich und England fort.[71]

Befördert wurde diese Entwicklung sicher durch die ausdrückliche Erlaubnis Friedrichs II., daß Juden Zins nehmen durften. Wir sehen hier, wie die gesellschaftliche Außenseiterrolle besetzt wird mit bestimmten Funktionen, die nach kanonischem Recht von den christlichen Gesellschaftsmitgliedern nicht erfüllt werden durften. Der Dogmatisierungsprozeß der Kirche in dieser Phase ließ die bis dato praktizierte laissez-faire-Haltung gegenüber diesem Punkt nicht mehr zu, zumal der Wucher als ein zentraler Punkt der ökonomischen Kriseninterpretation jener Zeit galt. Die Reduzierung des Wuchers und seine Kanalisierung bei der Außenseiterbevölkerungsgruppe bot sich also unter macht- und wirtschaftspolitischen Kalkülen als krisenbekämpfende Strategie an. Friedrich II. handelte konsequent und im Einklang mit der Kirche, wenn er den Juden die Zinsnahme gestattete und zugleich den Zinssatz auf für die damalige Zeit ungewöhnlich niedrige Zahl von zehn Prozent beschränkte.

Wir können also sehen, wie der weitere kulturelle Bezug als Interpretationsrahmen erst die Erklärung für die Durchsetzung bestimmter ökonomischer Möglichkeiten erlaubt, bzw. entsprechende Ausdifferenzierungen erklären hilft. Dieser kulturelle Bezugsrahmen als Erklärungsansatz ist erst recht nötig, wollen wir die Rolle der Juden, ihre Segregation insgesamt betrachten, nicht nur ihre ökonomische. Aus den Augen verloren werden sollte dabei auch nicht, daß der Prozeß der Segregation der Juden, so meine Hypothese, logische Bestandteile von Herrschaftsmechanismen entwickelt, die, eingebettet in ein christlich abendländisches Weltbild, auch relevant für den modernen Rassismus wurden.

Die Juden werden in dieser Phase endgültig zu einer eigenen sozialen Gruppe gemacht, über die in spezifischer Weise herrschaftlich verfügt werden konnte und die die Verfügung zugleich legitimierte. Den zugrunde liegenden Prozeß nenne ich Etikettierung, also ein Prozeß sozialer Definition. Sein Ziel ist es, Verhalten so zu produzieren und so zu reproduzieren,[72] daß Herrschaftsausübung gegenüber dieser Gruppe möglich wird; und zwar eine Herrschaftsausübung, die die schrankenlose Ausbeutung der beherrschten Gruppe ermöglicht und über Standards abweichenden Verhaltens legitimiert.[73]

Der entscheidende Schritt der Etikettierung ist die Absonderung der Gruppe aus dem Grundkonsens der Gesellschaft. Die Grundlagen der Segregation waren, wie bereits erläutert, schon jahrhundertealt: Verbot der Mischehen, gesonderte Rechtsverhältnisse, Stadtzugehörigkeit. Es ist aber auch dargestellt worden, daß die Juden trotzdem relativ integriert waren. Eine abgesonderte Bevölkerungsklasse wurden sie erst, als die durch Religion vermittelte Lebens- und Denkweise eine unüberbrückbare Scheidewand zwischen sonst Gleichstehenden aufrichten konnte.[74]

Im Zuge des Kreuzzuges von 1146 tauchen an zwei völlig verschiedenen Orten Beschuldigungen des Ritualmordes auf, verknüpft mit dem Vorwurf der Hostienschändung. Damit ist die Bedrohung durch die Juden aus dem spirituell religiösen Bereich aus- und in den Bereich konkreter Gesellschaften eingegliedert. Jeder Christ wird potentiell durch die Existenz der Juden bedroht, aus dem Opfer wird der Täter. Solche Anklagen des Mordes, der zu Zwecken der Hexerei und der Zauberei verübt wird, finden wir in fast allen Kulturen. "Ganz zweifellos ist diese Beschuldigung aus der früher überall geübten Praxis von Menschenopfern hervorgegangen; dieser blutrünstige Brauch wird nun dem Irrlehrer und Feind zugerechnet, weil dieser aus der Gesellschaft ausgeschlossen und als Scheusal gewertet wird".[75] Dabei geht es auch nicht mehr um einzelne Juden, sondern um die Juden als Gruppe. Anläßlich des Röttinger Progroms 1298 werden konsequenterweise erstmals alle Juden für ein Verbrechen verantwortlich gemacht.[76] Das heißt, nicht mehr eine funktional zurechenbare Handlung ist Bezugspunkt für die gesellschaftliche Aktion, sondern das zugeschriebene Wesen einer sozialen Gruppe in ihrer Gesamtheit. Während Juden und Christen - etwas überpointiert formuliert - sich vordem lediglich durch Religiösität unterscheiden, beginnen die beiden Gruppen nun allmählich unterschiedliche anthropologische Typen zu repräsentieren, denen notwendigerweise andere Formen der Vergesellschaftung zugewidmet werden müssen. Aus dem Mörder Jesu, Judas, wird der ewige Jude, der die Christenheit am gottgefälligen Leben hindert, als rastlos wandernde Gestalt Unruhe und Verderben den Christen bringt, und zwar im ökonomisch-weltlichen und religiös-spirituellen Sinne. In einer Bulle von Innozenz III. von 1208 heißt es: "Gott hat den Kain zu einem irrenden und einem flüchtigen Menschen auf der Erde gemacht, aber sein Haupt zum Erzittern gebracht und ihn gezeichnet, damit er nicht getötet wurde. So müssen auch die Juden über die Erde hin herumirren, bis ihr Angesicht von Schande bedeckt ist und bis sie den Namen des Herrn Jesus Christus rufen. Denn gegen sie schreit das Blut Jesu Christi; sie dürfen auch nicht getötet werden, damit das Christenvolk nicht das göttliche Gesetz vergesse."[76] Nun ist das Tötungsverbot sicher eine Zentralstelle des christlichen Weltgebäudes und nicht beliebig außer Kraft zu setzen. Etikettierungsprozesse durch Stereotypenbildung zeichnen sich allerdings dadurch aus, daß sie den Legitimationsbedarf bei Verbotsübertritten gleich mitliefern, indem sie das Schema von Aktion/ Reaktion umkehren, aus Opfern Tätern machen.

Das Prinzip der "eigenen Schuld" (Caro) entwickelt sich kirchenrechtlich mit "Popularisierung" des Bösen als Juden. Die kirchenrechtliche Theorie weist den Juden Knechtschaft als sozialen Status zu, was entsprechende Ausbeutungsverhältnisse zwischen Christen und Juden legitimierte. Diese Konstruktion entwickelt Thomas von Aquin.[78] Wird ihm gefolgt, so sind die Juden Knechte der Fürsten. Ihr Besitz ist aus Wucher entstanden; die Fürsten können über ihn frei verfügen. Das heißt, den Juden wird jede Rechtsfähigkeit faktisch genommen, so daß ihre Tätigkeiten zur Reproduktion ab ovo enteignungsfähig wurden. Thomas von Aquin hat diese Position gegenüber der Herzogin von Brabant entwickelt, einer weltlichen Herrscherin also, und damit wohl auch die Weltlichkeit dieser Position unterstellt. Für die Juden implizierte diese Konstruktion im 13./14. Jahrhundert die "Rechtsposition der Kammerknechte". Beraubungen wie im Gefolge der Kreuzzüge beispielsweise oder auch entsprechende Erpressungen konnten so legitimiert werden.[79] In Deutschland implizierte die Reichsunmittelbarkeitserklärung der Juden durch Friedrich I. (1158) zugleich ihre Behandlung als geschlossene, gemeindliche Korporation.[80] Das heißt, die Juden wurden nicht als Personen, sondern als Gruppe behandelt, was auch immer wieder bei kriminellen Delikten Geltung erlangte.[81] Lösung vom Individualprinzip und Opfer als Täter sind also gesellschaftliche Prozesse, mit denen Personen jüdischen Glaubens als jüdisch-soziale Gruppe konstituiert werden.

Bei Römern und Griechen noch waren zum Beispiel andere Völker und Andersgläubige nicht per se potentielle Sklaven. Erst der Akt der Unterjochung respektive der Menschenraub machte aus dem einzelnen Unterjochten, dem einzelnen Geraubten einen Sklaven. Andere Volksgenossen, andere Andersgläubige waren das zweifellos nicht. Das Opfer als Tätermotiv galt ebenfalls nicht in dieser Schärfe. Gesellschaftliche Probleme wurden nicht durch Sklaven geschaffen; selbst im Falle von Sklavenaufständen war falsche Herrschaftspraxis zu betrachten. Geschweige, daß sich das Böse im Bilde des Sklaven im Altertum hätte darstellen lassen, wie das im Mittelalter möglich wurde und auf den verschiedenen Gebieten der Moral sich ausdifferenzierte: Vom Wucherer bis zum Sodomisten.[82]

Die Etikettierung der Opfer als Täter entwickelt sich seit dem 12./13. Jahrhundert zusätzlich durch Legendenbildung.[83] Juden wurden zum Beispiel in Allianz mit den Aussätzigen gesehen, das heißt mit den Parias schlechthin, ein Prozeß der Universalisierung also erneut, auf den oben bereits hingewiesen wurde. Krankheit galt in dieser mittelalterlichen Gesellschaft als Fluch, als nicht heilbar und rechtfertigte den Ausschluß aus der Gesellschaft. Um der Vergiftung durch den jüdischen Aussatz zu entgehen, gab es beispielsweise Konzilsentscheidungen, die Christen den Kauf von Lebensmitteln bei Juden verboten.[84] Die ärztliche Kunst der Juden galt als vom Teufel inspiriert, so jedenfalls zahlreiche kanonische Rechte; Christen mußten also selbst unter Lebensgefahr auf jüdisch-christliche Hilfe verzichten. Noch 1652 befand die Geistlichkeit Frankfurts am Main: "Es ist besser krank zu sein, wie dies der Wille Gottes ist, als mit Hilfe des Teufels durch verbotene Mittel wieder gesund zu werden. Wenn man jüdische Ärzte zur Behandlung ruft, so ist dies so, als nähre man Schlangen an seinem Busen und ziehe Wölfe im eigenen Haus groß".[85] Die Juden galten weithin als Pestverursacher, eine äußerst bedeutsame Zuschreibung in einer Zeit, wo große Pestepidemien und Hungersnöte die europäische Bevölkerung nach Schätzungen der Historiker um ein Drittel oder gar die Hälfte dezimierten. Poliakovs Überprüfung der Legenden ergibt, daß in der Person des Juden Merkmale des Teufels und der Hexen vereinigt wurden, also Inkarnationen des Bösen.[86] Juden sollen den Sabbat wie Hexen und Teufel feiern, auch jüdische Männer sollen wie Frauen Blutungen haben, also mit der Geißel der Unreinheit bestraft sein.

Blut wird überhaupt zu einem zentralen Thema nicht nur in der religiösen Dogmatik (Abendmahl), sondern auch in der Auseinandersetzung mit den Juden. Der Ritualmord an christlichen Kindern durch Juden wird als Blutopfer gesehen, das die Juden begehen müssen, um von der ewigen Wanderschaft durch eben das Blut christlicher Kinder erlöst zu werden.[87] Entsprechende "Ereignisse" werden häufig zu Kristallisationsorten von Wundergeschichten, Heiligsprechungen, Pilgerfahrten, literarischen Bearbeitungen, Denkmälern usw. und sichern so eine Verankerung des Themas im Bewußtsein des Volkes sowie seine Kontinuität über Jahrhunderte.[88]

Diese "Mythologisierung" des Antisemitismus wäre wohl recht amorph geblieben, wenn sie nicht zugleich mit der äußerlichen Kennzeichnung der Juden verknüpft worden wäre. Das vierte Laterankonzil von 1215 soll die Mischehen endgültig beseitigen und schreibt zu diesem Zweck die äußerliche Kennzeichnung der Juden vor. Dieser Vorgang läßt sich einbetten in breitere, äußere Kennzeichnungsprozesse verschiedener gesellschaftlicher Gruppen.

Bei den Griechen war die Veräußerlichung von Herrschaft und Reichtum, also die Etikettierung gesellschaftlich geschichteter Gruppierungen zunächst noch moralisch verwerflich.[89] In diese Haltung flossen durchaus Machtüberlegungen ein, galt es doch den Neid als Quelle personaler wie sozialer Auseinandersetzungen zu verhindern. Das änderte sich allmählich. Macht- bzw. Herrschaftsausübung wie Unterwerfung wird visualisiert.[90] Aus den Gleichen unter Gleichen werden allmählich auch äußerlich unterscheidbare Ungleiche. Die aristotelische Herrschaftstheorie enthielt noch keine Hinweise auf die Notwendigkeit äußerlicher Kennzeichnungen in herrschaftspraktischer Absicht. Auf der Ebene der Rechtspraxis allerdings wurde die Kennzeichnung als Instrument gesellschaftlicher Ausgliederung schon lange genutzt.[91] Sie orientierte sich allerdings an den Rechtsnormen der jeweiligen Gesellschaften, die nicht rassisch bestimmt waren. Mir ist auch in Europa keine Ausweitung auf allgemeine gesellschaftliche Differenzierung qua Rasse respektive Geburt bekannt. Diese geschieht im 13. Jahrhundert in Westeuropa.

In dieser Phase entstehen die entsprechenden Kleiderordnungen des Mittelalters. Das angesprochene Laterankonzil verlangt neben der äußerlichen Kennzeichnung der Juden auch jene der Sarazenen, später kommt jene der Ketzer, der Aussätzigen, der Prostituierten und anderer Außenseitergruppen hinzu, und es bleibt auch nicht bei den Außenseitergruppen.[92] Was die Juden anbelangt, so müssen sie in Frankreich beispielsweise "la rouelle", ein Geldstück(!) um den Hals tragen. Die Juden versuchten sich dieser Etikettierung zu entziehen, was daraus geschlossen werden kann, daß zwischen 1251 und 1370 zwölf Konzile und neun

Anordnungen seitens der Königsmacht die strikte Einhaltung der visuellen Etikettierung durchzusetzen suchen. In Deutschland werden die Juden zum Tragen einer spezifischen Kopfbedeckung genötigt. Auch hier setzt sich das erst allmählich durch; entsprechende Vorgänge sind aus Polen, England, Spanien, Italien, Sizilien bekannt. Erneut ist aber auch ein Phänomen zu beobachten, was uns weiter oben schon beschäftigt hat, nämlich die Vermischung religiöser und ökonomischer Motive bei der jüdischen Sonderbehandlung. Die Juden werden nicht nur visuell etikettiert, sondern auch zu einer jährlichen Zinszahlung an die Pfarrgemeinden genötigt.[93] Zugleich erneuert das Laterankonzil das Gebot des freiwilligen Übertritts und band es an die zu beobachtende neue Lebensweise der konvertierten Juden, um Täuschung und damit Unterwanderung der christlichen Welt zu unterbinden.[94] Erneut also eine Sonderbehandlung, die wohl nur aus der im Bewußtsein mittlerweile stark verankerten Rolle der Juden in der christlichen Welt zu erklären ist, die dieses Mißtrauen gebot. Diese Sonderbehandlung auch getaufter Juden in der christlichen Welt erlaubte zugleich die "... Ausdehnung der eben damals gegen die Ketzer eingerichteten Inquisition über getaufte Juden, ...".[95] Das Anderssein der Juden war im Bewußtsein offensichtlich bereits so stark repräsentiert, daß eine veränderte Betrachtungsweise ihrer gesellschaftlich-religiösen Rolle durch die Taufe Schwierigkeiten machte, selbst ihre Aufnahme in das 'corpus christianum" ohne Sonderregelungen, ohne Etikettierungen nicht möglich schien. War der Jude Zahlender für die Gemeinde, so jeder Konvertit ein zu Unterstützender. Getaufte Juden schieden aus ihrem Familienverband aus und verloren ihre Erbansprüche. Deshalb verfügte die Kirche ihre Unterstützung, was zu Lasten der Pfarrgemeinden führte und wahrscheinlich den Bekehrungseifer in Grenzen hielt.[96] Um ihn überhaupt aufrecht zu erhalten, wurden immer wieder Privilegien bzw. Ausnahmen für die Juden und die konvertierten Juden geschaffen, die ihre Sonderrolle aber nicht abschafften, sondern unterstrichen.[97]

Für die Juden galten - wie immer brüchig sie auch waren - die allgemeinen Rechtsgrundlagen der verschiedenen Gesellschaften, in denen sie lebten, nicht: die Juden waren in hohem Maße von den Gnadenakten weltlicher wie kirchlicher Herrscher abhängig.[98] Das heißt, die Etikettierung im religiös-normativen wie gesellschaftlich-materiellen Bereich implizierte keinen festen Ort mit spezifischen Zuschreibungen und Selbstdefinitionen der Juden, sondern eine extreme Abhängigkeit von den Definitionen der dominanten christlichen Gesellschaft. Das "corpus christianum" war "corpus christianum", weil es von ihm Ausgeschlossene wie die Juden gab. So kommt Poliakov zu dem Schluß, "... daß der wirtschaftliche 'Unterbau' nicht mehr viel ..." mit der Geschichte der Juden seit dem 14. Jahrhundert zu tun gehabt habe. Ausweisungen, Austreibungen und Aufforderungen zur Rückkehr prägen die Geschichte der Juden. Im 15. und 16. Jahrhundert hat ein großer Teil der Juden im westlichen Nordeuropa keinen festen Aufenthaltsort, durfte nach Hinterlegung einer Aufenthaltsgebühr nur einige Tage am jeweiligen Ort verbleiben. Zum realen Bild des Juden tritt zunehmend das imaginierte, das alle Sphären der Gesellschaft durchdringt und den Juden als Gruppe im christlichen Weltbild verankert. Selbst in den Niederlanden oder in England, wo es nach der Pest respektive der Vertreibung der Juden keine mehr gab, bleibt das Thema "Jude" weiter existent.[99] Die Selbstdefinition der Christen wird ohne den Juden nicht denkbar. Ablesbar ist dieser Vorgang an der darstellenden Kunst. Noch heute finden wir in zahlreichen Kirchen Darstellungen einer Sau, die den Juden säugt und mit ihm Unzucht treibt.[100] Bis in die Ausbildung der Geruchsempfindungen spielen die Juden ihre Rolle für die Ausprägung des christlich-abendländischen Weltbildes. So spricht der Anthropologe Hans Günther noch 1930 vom "odor judaicus", dem Judengeruch.[101] Der Teufel, respektive die Sünde, das moralische Prinzip des Bösen wird dem Spirituellen entzogen, als Jude oder Hexe dargestellt, also verkörperlicht und damit quasi als Natur dieser gesellschaftlichen Gruppen dargestellt. Das imaginierte Bild wandert in die körperliche Wahrnehmung gegenüber Juden ein. Auf diese Weise entsteht auch keine Veränderung der sozialen Charakteristika der Gruppe, sondern eine neue Gruppe. Einem alten Kern werden keine neuen Elemente zugefügt, sondern es entsteht eine neue Identität, die alte existiert nicht mehr. Das Phänomen Jude wird enthistorisiert und zugleich zum Gruppenphänomen. Nicht Einzelidentität, sondern Gruppenidentität ist der Maßstab der Beurteilung der Juden. Daß Etikettierungen solche Gruppenidentität für die Gruppenmitglieder schließlich entstehen lassen, ist mittlerweile in der Soziologie weitgehend anerkannt.[102] Dieser Prozeß wiederum ermöglicht retrospektive Interpretation der Minderheitengruppe und bestätigt so den vorgängigen Etikettierungsprozeß, ohne daß er selbst von der Mehrheit als solcher wahrgenommen würde und damit auf historische Entwicklungen rückgeführt werden könnte. Zugleich impliziert der Etikettierungsprozeß durch Stereotypenbildung und retrospektive Interpretation auch materielle Positionierungen, die das Fundament für Bestätigung der Etikettierungen bilden. Die Juden werden aus dem "corpus christianum" existentiell ausgegliedert, normativ wie materiell. Die Macht der retrospektiven Interpretation läßt die Juden die Negativität schließlich annehmen, wobei sicher eine zentrale Rolle spielt, daß die Legitimation dieser Macht durch sozio-ökonomische Fakten, die die Etikettierungen produziert haben, gestützt werden kann. Es entsteht ein Teufelskreis. Als religiöse Außenseiter können die Juden zum Beispiel Geldgeschäfte tätigen, was ihnen als einzige Reproduktionsquelle nach dem weitgehenden Ausschluß aus anderen Bereichen der Reproduktion auch durch entsprechende staatliche und religiöse Maßnahmen gestattet wird. Da viele Juden aber schließlich Geldgeschäfte, im damaligen Sprachgebrauch Wucher, betreiben, verfallen sie dem religiös-motivierten Verdammungsurteil gegenüber solchen Geschäften seitens der christlichen Mehrheit.[103] Eine entsprechende Interpretationsfigur ließe sich auch für das Problem Ghettoisierung und Integration angeben.

Mit der Etikettierung wird die ambivalente Einstellung zu den Juden einseitig aufgelöst. Tiefster Abscheu bei gleichzeitigem Tötungsverbot stellte die Ambivalenz dar.[104] "Das Ambivalente fasziniert als gefährlich und mächtig, und seine religiöse Qualität ist zunächst nicht auf Moral festgelegt".[105] Die Juden sind die ganz Anderen, denen gegenüber mythologische Grenzziehungen nötig sind,[106] die dieses Anderssein und den Prozeß der Differenzierung als Etikettierung möglich machen. Die Juden werden in die christliche Kosmologie eingebaut, bekommen in der Einheit von Natur und Gesellschaft einen festen Ort. Die Nähe zum Teufel, zu Naturkatastrophen gehen dabei Hand in Hand mit ihrer Rolle als gesellschaftliche Verderber in Gestalt von Wucherern, Kriminellen usw.

Der räumlich-differentialen Verortung entspricht die temporale. Die Juden werden in der Genese der Welt verankert als spezifisches Strukturelement, das noch heute als das Böse wirkt und auch in Zukunft die größten Anstrengungen der Christenheit zu seiner Bekämpfung erfordert. Für Augustin beispielsweise fällt die Bekehrung aller Juden mit dem Ende der Zeit zusammen, das heißt mit der Wiederkehr Christi.

Universalisierung zur Naturkategorie, Enthistorisierung und Verkörperlichung stellten also jene Mechanismen dar, mit denen die Rolle der Juden seit ca. dem 11. Jahrhundert konstituiert wird. Sie verwandeln eine gesellschaftliche Gruppe, die vordem durch eine andere Religion von anderen Gruppen geschieden war, aber ansonsten als Bauern, Städter, Handwerker usw. sich nicht von anderen gesellschaftlichen Gruppen unterschied, in eine diffuse Gruppe, die in allen ihren Charakteristika eindeutig bestimmbar ist, deren Charakteristika quasi natürlich sind und damit unveränderbar. Der Jude als Natur macht zum Beispiel im 15. Jahrhundert die Kopfsteuer denkbar, die ihn den Tieren gleichsetzt. "Auf jeden Ochsen, jedes Schwein und jeden Juden kommt ein Sou".[107] Das ist auf das christliche Tötungsverbot nicht ohne Rückwirkung geblieben. Wir werden weiter unten sehen, wie diese spezifischen Mechanismen der herrschaftlichen Organisierung von Gesellschaften, nämlich Universalisierung, Enthistorisierung und Verkörperlichung, die gesellschaftliche Außenseitergruppe mit Charakteristika der Eindeutigkeit, der Naturhaftigkeit und Unveränderbarkeit versehen, die auch für die Entstehung des modernen Rassismus bedeutsam werden.

3.2.3 "Mohren" und die Entwicklung des rassistischen Weltbildes

Sklaverei war nicht an die Hautfarbe gebunden, weder in Theorie noch in Praxis. Das heißt, ein bestimmtes physisches Merkmal, die "schwarze Hautfarbe" machte deren Träger bei Griechen und Römern nicht schon zu Sklaven. Die später geradezu klassische Wertehierarchie der Rassen mit den Weißen an ihrem oberen, den Schwarzen am unteren Ende existierte noch nicht.

Das gilt übrigens auch für Ägypten. "Mit einer sozial und kulturell integrierten schwarzen Bevölkerung als Teil der mediterran-altorientalischen Hochkultur konnte sich die fatale Formel Neger = Sklave nicht herstellen, die in späteren Gesellschaften Rassismus erzeugte. Für die Ägypter hatte Amun die Menschheit geschaffen, mit Unterschieden der

Hautfarbe und der Sprache, und in den Königsgräbern wurden die vier 'Rassen' als vom Schöpfergott erschaffen dargestellt. Unterscheidungs- und Verachtungsmechanismen liefen nicht über 'Rasse', sondern über kulturelle Differenzierungen".[108] Auch aus den Auseinandersetzungen zwischen Römern und Ägyptern ist nicht bekannt, daß die Sieger gegenüber schwarzen Ägyptern eine andere Haltung einnahmen als gegenüber ihren hellhäutigen Gefährten.[109] Kann davon ausgegangen werden, daß Römer und Griechen noch mannigfachen Kontakt mit schwarzen Völkern hatten, zum Reich der ägyptischen Hochkultur schwarze Völker gehörten, so gilt das für das frühe und das späte mittelalterliche Europa nicht mehr. Nur "Die Kreuzzüge und die iberische Reconquista erneuerten den Kontakt mit Schwarzen im Rahmen der allgemeinen Begegnung des lateinischen Westens mit den berberischen Mauren seit der Eroberung Spaniens durch den Islam 711, erst recht seit der systematischen Reconquista ab 1064"[110] phasenweise.

Die Theoriegeschichte blieb zunächst ambivalent, kannte Noahs Fluch, der die Schwarzen als Nachfahren Hams zu Sklaven erklärte, Balthasar als Schwarzen unter den Heiligen drei Königen und den ebenfalls schwarzen Märtyrer, den heiligen Mauritius. War Sklaverei als Form abhängiger Arbeit theorie- und realgeschichtlich schon in der Vergangenheit virulent, so wurde sie im Zuge der Entdeckungsfahrten im 15. und 16. Jahrhundert für Spanien und Portugal zu einem systematischen Element der kolonialen Expansion. Dabei waren es immer Schwarze, die versklavt wurden, das heißt, die Formel Schwarze = Sklaven etablierte sich schließlich realgeschichtlich und weitete sich durch die Ausweitung des Sklavenhandels auf die transatlantische Welt ab 1505 noch beträchtlich aus. Damit war nach Geiss "... die soziale Grundlage zum modernen euro-amerikanischen Rassismus"[111] geschaffen. Genauer zu formulieren wäre meines Erachtens hier wohl eine Grundlage. Die Entwicklung einer Theorie und Praxis von der Natürlichkeit der Herrschaft, den Methoden der Herrschaftsausübung, die Verankerung menschlicher Eigenschaften in inhärenten Medien (Gott) hatte schon eine lange Tradition, die nun auf eine spezifische menschliche Gruppe, die sich durch die Hautfarbe kennzeichnen ließ, zugespitzt wurde. Wie am Antisemitismus deutlich wurde, gehört zum Rassismus nicht notwendig ein physisches Merkmal, um die Ausschließung aus dem gemeinsamen humanum zu vollziehen und zu rechtfertigen. Die Etikettierung auf der Basis von physischen Unterschieden zwischen Menschengruppen stellt einen Traditionsstrang für den modernen Rassismus dar. Die Geschichte des Antisemitismus einen anderen. Beide Stränge aber sind nicht modern, sind Elemente des "Protorassismus" (Geiss). Der moderne Rassismus hängt eng mit der Entwicklung des wissenschaftlichen Denkens zusammen sowie mit jenen Prozessen, die es vorantreiben.

3.2.4 Die Entwicklung rassischer Vorstellungen zu Beginn der Neuzeit

Das mittelalterliche Weltbild bestimmt Sozialbeziehungen als "... ein Innen oder Außen in bezug auf die Welt des corpus christianum"[112] und differenziert das Innen aus. Wird Ungleichheit bei Aristoteles als Ausdruck von Macht gewertet, so transformiert sich diese Vorstellung im Zuge der jahrhundertelangen Entwicklung bis zum Mittelalter in eine solche der göttlichen Ordnung, in der Einschluß- und Ausgrenzungskriterien durch die Erlösungslehre konstituiert werden. Bei aller Gleichheit der Menschen vor Gott ist Jesus Christus nicht für Juden, Türken, Hexen, das heißt für Ungläubige gestorben. "Christlich" respektive "unchristlich" sind die Attribute für die inhaltliche Ausgestaltung sozialer Scheidelinien fundamentaler Art.[113] Innerhalb des "corpus" sind die Positionen durch Gebot festgelegt, bilden Mensch und Natur eine Einheit. Die Legitimation sozialer Handlungsweisen geschieht aus dem Glauben heraus und bedarf der kirchlichen Bestätigung. Die Welt wird von Gott aus gedacht. Wenn sich auch bestimmte Veränderungen im Zuge des Mittelalters andeuten,[114] so bleibt das zugrunde liegende Weltverständnis doch intakt.

Die Wiederentdeckung der neuen Welt und ihrer Völker verlangt von den Christen eine Überprüfung und Reformulierung ihres Konzeptes vom Menschen in der Welt. Die darin liegende Herausforderung muß immens gewesen sein, verbietet Karl V. doch schließlich - trotz aller Verlockungen auf unvorstellbare Bereicherungen - alle weiteren Eroberungen. Statt dessen beruft er 1550 eine Kommission nach Valladolid ein, die sich mit der Frage nach dem Menschsein der Indianer beschäftigen soll.

Die Geschichte der Afro-Amerikaner auf dem amerikanischen Kontinent beginnt übrigens früher. Die Legende berichtet von einem schwarzen Seemann in der Mannschaft von Kolumbus. Es wird auch angenommen, daß auf der zweiten Reise schwarze Sklaven mitgenommen wurden. Bereits 1501 wird der Import von schwarzen Sklaven in die spanischen Kolonien offizialisiert, später als lukrative Kronlizenz zu einem finanziellen Standbein der Staatseinnahmen gemacht. 1502 landet die erste protugiesische Sklavenladung in Hispaniola, nicht ohne vorher in Portugal christianisiert worden zu sein.[115] Der schwarze Sklavenhandel hat sich also schon etabliert, als die Frage nach dem Menschsein der Indianer auftaucht. Las Casas, Protagonist der Proindianerfraktion, verurteilt die Versklavung der Indianer, hatte aber die Versklavung der Afrikaner als Lösung für das Problem, mit welchen Menschen die Kolonisierung eigentlich stattfinden solle, selbst dem König vorgeschlagen.[116] Sicherheitsgründe - eine erste Rebellion der Schwarzen soll bereits 1492(!) stattgefunden haben[117] - limitierten nämlich den Import, und Arbeitskräfte wurden dringend gebraucht. Las Casas selbst wurde als Dominikaner Bischof von Chiapa in Mexiko und revidierte unter dem Eindruck eigener Erfahrungen seine Einstellung.

Wie oben geschildert, hatten Ausgrenzung sowie Etikettierung als Herrschaftsmechanismen bereits eine Geschichte. Aus dem Blickwinkel der Entwicklung von Herrschaftstheorien ist das historische Ereignis von 1550 also nicht neu. Schwarz gilt in der christlichen, mittelalterlichen wie in der arabischen Kultur als mit negativen Konnotationen aufgeladen,[118] so daß die Wahl der Afrikaner als Sklaven auch von daher Plausibilität gewann. Die Frage in Valladolid war also, ob die Indianer die gleiche Funktionsstelle im Herrschaftssystem einnehmen sollten wie die schwarzen Sklaven.

Innenpolitisch[119] gab es offensichtlich einen Bedarf ökonomischer wie politischer Art, kolonialistisch mit Hilfe von Sklaven tätig zu werden. Dieser Bedarf existiert nicht in den merkantilistisch orientierten, reichen, oberitalienischen oder niederländischen Städten, die sich angeschickt hatten, feudale Verhältnisse allmählich zu beseitigen. Er existierte in den armen, manufakturmäßig kaum entwickelten Staaten von

Spanien und Portugal. Gegenüber der bald enttäuschten Raubstrategie erschien die Kolonisierung lukrativer, und zwar insbesondere dann, wenn billige Arbeitskräfte gefunden werden konnten.

Die anthropologische Frage nach dem Indianer als Mensch oder Tier oder "Homo monstrosus", das heißt Zwischenglied zwischen Mensch und Tier, ist also eingebettet in andere soziale Vorgänge, die eine Lösung der Frage evozieren. Das Konzept des dominanten, weißen Mannes ist bis dahin nicht existent, denn nicht die Hautfarbe, sondern das Christentum galt als differentia specifica bei der Begegnung mit Fremden. Das schloß Superioritätsvorstellungen der Portugiesen, Spanier, Venezianer usw., die als Entdecker und Abenteurer in Kontakt zu anderen Völkern traten, nicht aus,[120] begründet aber noch keine rassistische Wertvorstellung auf der Basis angeborener physischer Qualitäten. Die Indianer als "Rote" spielen noch keine Rolle. Die Kontroverse zwischen Las Casas und seinem Gegner Juan Ginés de Sepulvéda ging um die Frage: kriegerische oder friedliche Bekehrung. Las Casas setzt sich für friedliche Bekehrung ein, da alle Menschen von Geburt aus gleich seien. Sepulvéda dagegen greift auf das aristotelische Theorem der natürlichen Sklaverei zurück. Wegen ihrer unzivilisierten Natur lebten die Indianer in Sünde und hätten deshalb den zivilisierten Menschen zu dienen. Unterwerfung durch Krieg sei die Voraussetzung dafür. Wir wissen heute, daß die Indianer zu Menschen erklärt wurden. Aber fast entscheidender noch als dieses Ergebnis ist die dadurch ausgelöste Diskussion.

Zweifellos hatte es bereits lange vorher Diskussionen unter den Europäern gegeben, wer wer sei.[121] Diese erhielten nun angesichts der neuentdeckten Fremden eine bedeutende Verstärkung. Eine lange Phase der Reorientierung über die Frage nach dem Menschen im Kosmos, seiner konkreten Individualität wie seiner sozialen Position wurde eingeleitet. Das alles spielte in der Auseinandersetzung am spanischen Hof noch keine Rolle. Diese ging um die Natur der Indianer, nicht um das politische Recht auf Sklaverei, nicht um Gleichheit respektive Ungleichheit. Aber um die Natur als einer zu berücksichtigenden anthropologischen Größe ging es.

Zwei evolutionstheoretische Positionen stehen sich in der Folgezeit gegenüber: die monogenetische und die polygenetische. Um diese Positionen herum kreist die Entwicklung der Naturwissenschaften und mit ihr die Entwicklung der Anthropologie.

Die monogenetische Position repräsentiert jene der Kirchenväter. Sie behauptet die Abstammung gemäß der biblischen Schöpfungslehre, also aller Menschen von Adam und Eva. Die wissenschaftliche Konstruktion geht dabei von der Einheit der menschlichen Gattung bei aller Mannigfaltigkeit der Spielarten aus. Die Biologen, Anthropologen, Philosophen usw. des 18. Jahrhunderts sind nahezu durchweg Monogenisten. Das gilt zum Beispiel für Herder, Kant, Montesquieu, Voltaire und andere ebenso wie für Buffon, Camper, Sömmering, Blumenbach usw.,[122] wenn auch die Argumentationsketten der einzelnen Autoren unterschiedlich sind. So heißt es bei Buffon: "Alle Untersuchungen haben bestätigt, daß die Menschengattung sich nicht aus einzelnen, grundsätzlich unterschiedlichen Arten zusammensetzt; im Gegenteil, sie stammt von einer einzigen Art ab, die sich vermehrt und über die Erde ausgebreitet hat, wobei sie gemäß Klima, Nahrungsmittelunterschieden, Lebensarten, epidemischen Krankheiten und durch die Unzahl möglicher Vermischungen, der sich mehr oder weniger ähnelnden Individuen unterschiedlichen Veränderungen unterworfen wurde. Zunächst waren die Veränderungen nicht sehr auffällig und produzierten nur individuelle Unterschiede; bald wurden sie aber zu Unterschieden zwischen den Arten, denn sie wurden allgemeiner, anschaulicher und konstanter durch die Fortexistenz der Gründe für diese Entwicklung; ... ".[123]

Seit der Las-Casas-Debatte verstummte der wissenschaftliche Diskurs nicht mehr. Der Anstoß zur Klärung der Frage, ob der Stammvater Adam nun ein Europäer, ein Indianer, ein Asiate oder ein Afrikaner gewesen sei, war gelegt und die Monogenisten sahen sich mit ihrer Position zunehmender Kritik ausgesetzt. Die alternative Position, jene der Polygenisten, geht von multiplen Anfängen aus. Casson, der eine Geschichte der Abstammungserklärungen geschrieben hat, schreibt deren erste Formulierung Theophastus Paracelsus 1520 zu. Und er nennt auch Isaac de Peyrôre, der die Existenz von Menschen vor Adam, die Präadamiten, annahm, seine Position aber wiederrufen mußte.[124] Doch diese Kritiken der monogenistischen Position waren weit von eindeutiger politischer Stellungnahme entfernt. Zwar implizierten die polygenetischen Auffassungen eine Zurückweisung des kirchlichen Intepretationsmonopols der Evolution, implizierten Gedankenfreiheit, doch in ihrer politischen Stoßrichtung waren sie gegen die älteren naturrechtlichen Seiten der monogenistischen Auffassung gerichtet, im Kern gegen deren Nähe zu gesellschaftlichen Gleichheitsvorstellungen, die, wie bei Las Casas eine bestimmte Akzeptanz der Eingeborenen als Gleiche einschloß. Obwohl der Polygenismus unseren heutigen Auffassungen näherkommt, war er zu seiner Zeit eine gegen Gleichheitsvorstellungen gerichtete Doktrin.[125] Die Einsicht nämlich, daß das Menschengeschlecht mehrere Ursprünge haben könne, implizierte zwar die Zurückweisung religiöser Evolutionsvorstellungen, bedeutet aber keineswegs die Aufgabe gesellschaftlicher Hierarchievorstellungen. Im Gegenteil: "Die Annahme, daß der Eingeborene, insbesondere der Neger, nicht aus demselben Stamme wie der Europäer entsprungen sei, gestattete es den Befürwortern und Apologeten des Sklavenhandels, die naturrechtlichen Überlegungen der Sklavereigegner, der sogenannten Abolitionisten zurückzuweisen".[126] So wie bei Aristoteles die Sklaven, so wurden die Eingeborenen, insbesondere die Schwarzen als zur Freiheit unfähig erachtet. Die kolonialistische Praxis korrespondierte mit der Entwicklung einer Anthropologie, die Kulturleistung und biologischen Rassenbegriff zusammendachte.

3.2.5 Die moderne Wissenschaft und der Rassismus

Die Auseinandersetzung um die Frage Polygenie oder Monogenie war - und ist - primär keine wissenschaftliche, obwohl sie so eng mit der Entwicklung der modernen Naturwissenschaft verknüpft ist. In der Renaissance, in der Aufklärung geht es um die Begründungsmöglichkeiten der sozialen Rolle des Menschen aus religiösen Kontexten und damit um die Kirche als Fundament der Weltauffassung: Die Auseinandersetzung ist eine politische.

Die biblische Anthropologie ist eine herrschaftsorientierte, indem sie den christlichen Menschen genealogisch auf das biblische Urpaar zurückführte und andere Menschengruppen als Sündenfall gegenüber der zivilisatorischen Entwicklung zum Christentum hin definiert. Das heißt aber, daß andere Menschengruppen, Heiden, zunächst aus dem christlichen Güter- und Machtverteilungskonsens ausgegrenzt werden. Erst Christianisierung und Bekehrung machen sie zu Vollmitgliedern im corpus christianum. Entdeckungen und koloniale Expansion verlangen einen entsprechenden Vorgang. Doch das Ziel mußte nicht notwendig gesellschaftliche Vollmitgliedschaft lauten. Bekehrung konnte, wie oben am Beispiel des ewigen Juden gezeigt wurde, auch für Bevölkerungsgruppen ausgeschlossen werden oder besondere Sühne verlangen, zum Beispiel als lebenslanger Sklave.[127] Die gesellschaftliche und religiöse Vollmitgliedschaft, wie die abgestufte Teilhabe, existierten in der christlichen Weltsicht nebeneinander.

In dieser Phase wurde der Begriff der Rasse in diese Anthropologie eingeführt, um genauere Klassifizierungen unterschiedlicher Spezies zu bekommen. Vor dem 16. Jahrhundert gibt es kaum klassifikatorische Schemata von Natur. Der Begriff der Rasse ist unbekannt. Erst die Prinzipien der wissenschaftlichen Beobachtung von Francis Bacon erlauben die Entwicklung solcher Klassifikationsschemata, die sich dann im 17./18. Jahrhundert großer Beliebtheit erfreuen. Sie stellen die Phase der Rassentypologien im rassischen Denken dar, soll Bantons Einteilung der Abfolge des rassischen Denkens gefolgt werden.[128] Der Kolonialismus erschüttert nicht nur das biblische Evolutionsschema, sondern stellt zugleich eine neue Selbstverortung des Menschen dar. "Auf diese Weise trug die 'wissenschaftliche' Beschreibung verschiedener 'Rassen' zum Wissen des Menschen über sich selbst bei ...",[129] formuliert Osborne.

Bevor auf solche Klassifikationsschemata im einzelnen eingegangen wird, soll zunächst deren zentrale Entstehungsvoraussetzung dargestellt werden. Sie liegt in einer Revolutionierung des Denkens, in dessen Vollzug Natur aus ihrem subjektiv-religiösen Bezugsrahmen als objektive Größe heraustritt.[130] Die ungebrochene Deutung der Natur mit den Kategorien der Sozialwelt hatte das Denken auf der Ebene bloßer Begrifflichkeit festgehalten. Die Praxisferne der Intellektuellen tat ihr übriges, um Zugewinne an naturwissenschaftlicher Erkenntnis in Grenzen zu halten. Ohne hier auf Ursachen eingehen zu können, bleibt festzuhalten, daß am Beginn der Neuzeit ein Paradigmawechsel stattfindet: "An die Stelle eines subjektivisch sinnhaften Interpretationsschemas ist ein funktional-relationales getreten".[131] "Das Interesse, die Natur in konstanten Relationen zu begreifen, ist, wie wir gesehen haben, ein elementares Interesse, das eng an den Organisationsplan des Menschen anschließt. Alles, was die Naturwissenschaften seit Beginn der Neuzeit tun, ist, dieses Interesse ins Bewußtsein zu heben und als methodische Strategie in Ansatz zu bringen".[132] Das Begreifen der Natur in konstanten Relationen, als ein System der Materie, als ein nach einheitlichen Prinzipien aufgebautes Energiesystem, konnte natürlich den Menschen als Teil dieser Natur nicht ausklammern. Und zwar in doppelter Weise nicht, einmal als Teil dieser Natur und zum anderen als Kulturmensch. Der Mensch wird zum Gegenstand von Naturbetrachtungen, und er gewinnt eine ihm typische, eigene Geschichte in dieser Phase, wobei allerdings darauf hinzuweisen ist, daß die Naturwissenschaften der allgemeinen Geschichte verhaftet bleiben, ein Tatbestand, dem im Zuge der Entwicklung des rassischen Denkens insoweit eine besondere Bedeutung zukommt, weil die politische Funktionalität rassischer Politiken gerade in der behaupteten naturwissenschaftlichen Objektivität ihrer Basisannahmen besteht.

Die Frage nach dem Menschen, seinem proprium, setzt jetzt Differenzierungen frei, keine teleologischen Setzungen. Klassifikationsschemata entstehen. Zunächst noch sehr einfacher, schließlich elaborierterer Art: Haut, Kopfform, Haarwuchs etc. werden vom Blut, von Genen abgelöst. Methodisch geht der Weg dabei von der Beschreibung zur Messung. Das Grundschema jedoch ist gleich: Natur und Geschichte werden getrennt. Mit dieser Konstruktion wird die Vorstellung von der Gleichheit der Menschen denkbar; Aufklärung etabliert sich.

So ermöglicht die Rousseausche aufklärerische Kritik zum Beispiel die Entlarvung angeblich böser Natur als soziale Fiktion; ihre Aufladung mit sozialen Wertungen weicht der Einschätzung als neutral, tendenzlos für gesellschaftliche Verhältnisse. Unwürdige gesellschaftliche Verhältnisse sind nicht mehr notwendig Ausdruck für die Unwürdigkeit produzierende Natur. Paradoxerweise jedoch ermöglicht der Eintritt der Natur in die Geschichte ihre Verallgemeinerung zur Generalklausel, zum neuen proprium der Geschichte. Mit Natur - und das ist die Kehrseite der Aufklärung - ließ sich fortan Ungleichheit, Hierarchie, Unterdrükkung rechtfertigen, indem der prinzipiell unabschließbare Prozeß der Aufklärung an irgendeiner Stelle als abgeschlossen erklärt wird und damit ein neues proprium, eine Aufgegebenheit ("givenness") entsteht. Typisch für die Aufklärung ist einerseits die Erklärung der Menschenrechte - "die Menschen werden frei und gleich geboren" - andererseits zum Beispiel der Furor Voltaires gegenüber den Juden, sein Spott für die Neger. Obwohl die amerikanische Menschenrechtserklärung die Gleichheit aller Menschen beispielsweise postuliert, befreit sie doch die Sklaven nicht. Dem theoretischen Aufklärungsimpetus entspricht kein ihm adäquates, durchgängiges soziales Handeln. Im Gegenteil, solches soziales Handeln wird durch Grundannahmen des Naturrechts erschwert. Die Entdeckung der Natur impliziert den Streit um das Natürliche, impliziert beispielsweise eine Medizin, eine Anthropologie, sich entwickelnde Sozialwissenschaften, die die Natur - den Wilden, Schwarzen, Indianern etc. - als krank, beschränkt, stationär klassifizieren. Naturwissenschaften werden das neue wissenschaftliche proprium; die Übertragung von Naturverhältnissen auf den Menschen wird zur selbstverständlichen, wissenschaftlichen Methode. Hautfarbe, Schädelumfang, Nasenlänge, Augenform und -abstand sind natürliche Klassifikationselemente und zugleich Charakteristika gesellschaftlicher Gliederung.

Die ersten Klassifikationen sind in der Verknüpfung von Natur und gesellschaftlicher Positionierung noch sehr vorsichtig. Klassifizierung als Methode der Naturerkenntnis ist überhaupt erst einmal durchzusetzen. Referenzrahmen für die Klassifikationen bildet dabei zunächst die geordnete Welt der Physik; später sind es dann Biologie und Naturgeschichte. Mit dem Wandel von deren Ergebnissen wird notwendigerweise die Suche nach einer neuen Identität des aus dem religiösen Kosmos des Mittelalters entlassenen Menschen auf Dauer gestellt,[133] das heißt die Stabilität eines wissenschaftlich, hier naturwissenschaftlich begründeten Weltbildes erweist sich als trügerisch.

Für das uns hier interessierende Thema vollzieht Linné[134] den entscheidenden Durchbruch. Unter Rückgriff auf die aristotelische Plazierung des Menschen im Tierreich versuchte er ein systematisch begründbares Klassifikationsschema zu entwickeln, das gewisse Charaktereigenschaften in den Kontext biologischer Merkmale stellte. In der zehnten Auflage der "systema naturae" von 1758 (Erstauflage 1735)[135] unterschied Linné vier menschliche Spezies als normale Form:

Americanus
Europaeus
Asiaticus

Afer und eine fünfte "abnormale" Form, den
Monstrosus.

Der Untergruppe Neger (Afer) wird ein fauler, nachlässiger und bösartiger Charakter zugeschrieben und eine sich daraus ergebende Notwendigkeit willkürlicher Regierungsformen. Zur Legitimation kolonialistischer Expansion in Afrika, zur Versklavung der Schwarzen ist eine solche Konstruktion von Rassenklassifikation zweifellos bestens geeignet. Linné nimmt sie allerdings nicht explizit vor. "Durch Linnés Nomenklatur ('Primaten') wurde jedoch noch - wohl als Relikt der biblischen Darstellung des besonderen Schöpfungsaktes des Menschen - eine Wertung eingeführt".[136] Was hier von einem bekannten Paläontologen historisch-systematisch richtig, aber wertend mit Relikt bezeichnet wird, ist gesellschaftstheoretisch und gesellschaftspraktisch für die weitere Entwicklung von höchster Brisanz, keinesfalls vom Aussterben bedroht. Die Zusammenschau artspezifischer, angeblicher biologischer Konstanten oder Variablen mit sozialem Verhalten auf der individuellen und gesellschaftlichen Ebene als einem inhaltlichen Spezifikum der Rassenklassifikation Linnés konstituiert einen Strang der Wissenschaft, der als "Relikt der biblischen Darstellung" noch längst nicht verschwunden ist, wie die Kontroverse um die Soziobiologe oder die "nature-nurture-controversy" unserer Tage zeigen.[137] Linné markiert den Durchbruch für die Entwicklung von Rassenkonzepten, die bis heute aus dem Bemühen um eine wissenschaftliche Begründung von auf Rassen fußenden Einteilungen von Menschen in Gruppen nicht wegzudenken sind.[138]

Kann Linné als der Begründer menschlich-sozialer, evolutionstheoretischer Konzepte gelten, so aber auch als Anreger für jene Theorierichtung in den Sozialwissenschaften, die von der Forderung "Soziales mit Sozialem" zu erklären, auszugehen bestrebt ist. Denn Linné formuliert außerdem die These vom Sprung in der Natur und konnte den Menschen qua Verstand deshalb eine besondere Position im Kosmos zuweisen.[139] Indem er den Menschen auf diese Weise von der natürlichen Ordnung unterscheidet, wird die Möglichkeit geschaffen, menschliches Verhalten, menschliche Gesellschaften, primär aus der Kulturfähigkeit dieser "species" zu erklären, die Koppelung an religiöse oder naturwissenschaftliche, sinnvermittelnde Erklärungsversuche aufzulösen.[140] Allerdings geschieht das noch nicht bei Linné. Seine Klassifikationen, wie die anderer Naturwissenschaftler jener Zeit, sind in ihrer Aussagefähigkeit insoweit beschränkt, als sie in die traditionelle Vorstellung von einem hierarchisch strukturierten Aufbau des Universums eingebaut sind. Das heißt, die Rassenklassifikationen bleiben den religiösen Kosmologien in ihren göttlichen Rangfolgen der Menschen und Rassen noch verhaftet. Die Entwicklungsvorstellung bleibt eine der ontogenetischen Art; erst das 19. Jahrhundert geht den Schritt zur phylogenetischen Betrachtungsweise, zuerst mit Lamarck, dann mit Darwin und Haeckel.

Nachdem bislang vorwiegend auf die Entwicklung der Naturwissenschaften und ihren Beitrag zur Klärung, was Menschen und was Rassen seien, eingegangen worden ist, soll im folgenden die Brücke zu den Sozialphilosophen geschlagen werden, insbesondere jenen der Aufklärung.

3.2.6 Die Aufklärung und der Rassismus

Es sind vor allem die von den Naturwissenschaften errichteten Fundamente, auf denen die Anhänger der Aufklärung ihr Weltbild errichten.[141] Das heißt, in der Aufklärung kommt es zu einer systematischen Verknüpfung von Natur- und Geisteswissenschaften, von Naturgesetzen und sozialen "Gesetzen". Wie ich oben versucht habe zu zeigen, ist aber gerade diese Rückführung sozialer Phänomene auf unveränderliche Naturgesetze eine zentrale, erkenntnistheoretische Voraussetzung rassistischer Denk- und Handlungsweisen, neben deren wertenden, hierarchischen Klassifizierung auf der Basis von Rassenmerkmalen.

Im folgenden möchte ich kurz und knapp zu zeigen versuchen, wie sich der Zusammenhang von "Geist und Natur" bei einzelnen Autoren darstellt und welche Schlußfolgerung diese für die Rassenfrage ziehen. Dabei kommt es mir nicht auf eine quantitativ erschöpfende Behandlung des Themas Aufklärung und Rassismus an, sondern auf den Nachweis einer rassistischen Unterströmung in dieser Denktradition,[142] die die Geschichte Europas und der USA massiv beeinflußt hat.

Beginnen möchte ich mit Hobbes, weil bei ihm Philosophie fast gleichbedeutend mit Naturwissenschaft geworden ist. In den Worten von Hans Maier: "... der grundlegende Unterschied von natürlicher Welt und Bewußtseinswelt, res extensa und res cogitans wird bei Hobbes zugunsten einer prinzipiellen Naturwissenschaftlichkeit der Welterkenntnis (die im gleichen Atemzug zur einzig sicheren Methode erklärt wird) eingeebnet".[143]

Wie oben angedeutet, geriet im Zeitalter der Renaissance das mittelalterliche Weltbild ins Wanken. Die großen Entdeckungen spielten dabei sicher eine Rolle, ebenso der Verfall der ständischen Ordnungen, die allmähliche Entwicklung der kapitalistischen Wirtschaftsweise mit einem freien Markt. Parallel dazu verlief eine Veränderung der philosophischen Reflexion, drängten die Veränderungen doch auf eine Reformulierung der christlich-hierarchischen Kosmologien, die jedem Menschen einen festen Platz in einem entsprechend strukturierten Universum zugewiesen hatten. Auch die politisch-gesellschaftliche Ordnung galt als Teil des von Gott geschaffenen Kosmos und war wie dieser hierarchisch gegliedert. Das sich etablierende, neue Weltverständnis nahm den einzelnen Menschen aus der Einbettung in das hierarchisch strukturierte Universum heraus und dachte ihn zunehmend als ein mit natürlichen Rechten begabtes Individuum. Das heißt, die neuen, modernen Naturrechtslehren lösten den Menschen allmählich aus den älteren Naturrechtslehren mit ihrer Konstruktion vom göttlichen Kosmos heraus, dachten Gesellschaft und Staat von natürlichen Individualrechten her; ließen die Menschen mit anderen Sozialverträge eingehen.[144] Die Notwendigkeit dieser Sozialverträge ergibt sich bei Hobbes bekanntermaßen aus der asozialen Triebnatur des Menschen, einem Natur'gesetz', dessen systematischer Bezugspunkt, der Selbsterhaltungstrieb, sich nur im Gesellschaftszustand sichern und bändigen läßt. Dabei wird der Gesellschaftszustand nicht als eigenständige Emanation des Menschen gesehen, in der Tradition des Linnéschen Sprungtheorems gedacht, sondern als kausales Resultat menschlicher Anlagen. Grundbaustein der menschlichen Gesellschaft ist das menschliche Wesen, ist das Naturgesetz. "Naturgesetz nennt Hobbes beides: den kausalen Zusammenhang der asozialen Triebnaturen vor, und die normative Regelung ihres sozialen Zusammenhangs nach der vertraglichen Konstitution von Gesellschaft und Staat. Die Schwierigkeit liegt auf der Hand. Hobbes muß aus der Kausalität der menschlichen Triebnatur die Normen über Ordnung ableiten, deren Funktion doch gerade die Erzwingung eines Verzichts auf die primäre Befriedigung dieser Triebe ist".[145] Was sich in der Habermasschen Formulierung wie eine zirkuläre Argumentation anhört, ist jedoch eine kausale, die aus dem Hobbesschen physiologischen Postulat der fortdauernden Bewegung sich ergibt. Indem Hobbes das physiologische Postulat "vergesellschaftet" durch die soziale Prämisse eines angeborenen Machtstrebens, schreibt er der gesellschaftlichen Ordnung eine naturgesetzliche Kausalität ein. Ähnlich argumentiert auch Macpherson, wenn er vom Menschenbild Hobbes' sagt, daß es "... große Ähnlichkeit mit einer automatischen Maschine".[146] habe. Und Maschinen operieren nach mechanischen Gesetzen!

Hobbes war zwar einerseits der erste politische Denker, der die Möglichkeit erkannte, "Pflichten direkt aus den diesseitigen Tatsachen wirklicher zwischenmenschlicher Beziehungen inhärenter Gleichheit zu deduzieren",[147] andererseits aber implizierte seine dem Menschen Überleben sichern sollende Herrschaftsbegründung in den menschlichen Trieben, seine Sozialphysik,[148] die Chance zur Begründung und Legitimation sozialer Ungleichheit dann, wenn biologische Unterschiede zwischen den Menschen anzunehmen waren. Werden menschliche Ordnungen von der Macht der Naturgesetze getrieben erachtet, so verwundert es nicht, daß ihre Bändigung starker Hand bedarf, einer dem individuellen Zugriff notwendigerweise entzogenen Autorität, des absoluten Souveräns. Diese Gesellschaftskonstruktion auf der Basis des Vertrages und nach dem Modell von "Eigentumsmarktbeziehungen" (Macpherson)[149] sowie ihre Verankerung in den Naturgesetzen schloß schärfste Formen der Unterdrückung nicht aus, sondern ein. In seinem Buch Vom Bürger setzt Hobbes die aristotelische Tradition fort und begründet die Sklaverei. Er definiert das Herr-Knecht(=Sklave)- Verhältnis als Resultat von Krieg. Der Besiegte wird Sklave oder Knecht. Das Gleichheitspostulat begründet ein Recht, am Leben gelassen zu werden, das mit Dienst respektive Gehorsam abgegolten werden muß. Diese vertragliche Konstruktion der Beziehung, die Vertrauen einschließt, verbietet das Halten der Sklaven in "Gefängnissen, Arbeitshäusern oder in Fesseln".[150] Der Sklave ist Eigentum, und folglich kann der Besitzer mit ihm umgehen wie mit jedem Eigentum, es "veräußern, verpfänden oder letztwillig jemandem vermachen, wie es ihm beliebt".[151] "Natürliche Kraft und Macht" im Kontext des Krieges aller gegen alle begründen die Unterwerfung des Sklaven.[152] Das Recht, am Leben gelassen zu werden, begrenzt die Herrschaft des Herrn über den Sklaven, ist die Basis des Vertrages für die Unterwerfung. Kann das notwendige Vertrauen seitens des Siegers auf die vertragliche Übereinkunft mit dem Sklaven nicht entstehen, welches den freien Dienst des Sklaven erlaubt, so verbleibt dieser als Kriegsgefangener, als Fronsklave, der durch Machtmittel niedergehalten werden muß. Die Sklaverei als offene Herrschaftsbeziehung erscheint hier also noch als Naturkonstante auch und gerade weil der Sklave als Eigentum vom gesellschaftlichen Austausch ausgeschlossen ist. Deshalb kann Hobbes ihn auch als Naturkonstante und bürgerlicher Freiheit und Gleichheit nicht wert denken. Denn der Wert eines Menschen bemißt sich bei Hobbes nach dem im Austausch realisierten Preis. "Der Wert, oder die Wertschätzung eines Menschen, ist vor allen anderen Dingen sein Preis", und er verknüpft diesen Preis mit der Chance, Macht gegenüber anderen zu entfalten, die sich danach bemesse, "... als würde er nach dem Gebrauch der Macht sich bemessen". Mensch sein zu können, das heißt Träger von Wert, ergibt sich über die Chance der Marktteilnahme. "... Wie bei anderen Dingen auch bestimmt der Käufer beim Menschen den Preis, und nicht der Verkäufer", und weiter heißt es: "Ihr wahrer Wert ist nichts anderes als der von anderen geschätzte".[153]

Im Gefolge Macphersons bleibt festzustellen, daß die dem Marktgeschehen nachgebildete sozialphilosophische Konstruktion von Gleichheit reale Ungleichheit zu negieren oder zu legitimieren tendiert. Hans Mayer fragt denn auch kompromißlos gegenüber der Aufklärung: "Bestand Menschheit wahrhaftig nur aus egalitären Männern und Frauen, Rassen, geistigen, körperlichen und seelischen Komplexionen? Genauer: Gehörten die Monstren aller Art zur Menschheit, so daß auch ihnen das Licht der Aufklärung leuchten durfte?"[154]

Traditionell wird diese Phase westlicher Geschichte als jene gefeiert, die humanistische und universalistische Verhaltensdoktrinen entwickelt hat. Doch das ist nur die halbe Wahrheit. Universalismus und Humanismus galten nur für die weiße Rasse. Gegenüber anderen Rassen waren eingeschliffene Superioritätsvorstellungen kolonialistischer Praxis sozialphilosophisch zu begründen.[155] Und die gleichen Aufklärer, die die Gewaltenteilung begründeten, die die Kritik der Urteilskraft feierten, begründeten den wissenschaftlichen Rassismus mit.

Auch wenn Hobbes im Gegensatz zu Kant, Montesquieu, Herder,

Hume usw. zur Rassenfrage nicht direkt Stellung bezieht, so bleibt die zentrale erkenntnistheoretische Konstruktion doch im Kern gleich: das Gesetz der Entsprechung.[156] Verklammert es bei Hobbes Sittengesetz und Naturgesetz, so sind es bei Montesquieu verschiedene Klimata, die verschiedene Charaktere, bei Buffon Klima, Nahrung, Krankheiten, die die Varietäten erzeugen und entsprechende Hierarchien begründen.[157] Bei dem eher vergessenen Lavater heißt es: "Der Mensch besteht aus Oberfläche und Inhalt. Etwas ist äußerlich und etwas innerlich. Dieses Äußere und Innere stehen offenbar in einem genauen, unmittelbaren Zusammenhang. Das Äußerliche ist nichts als die Endung, die Grenzen des Innern - und das Innere eine unmittelbare Fortsetzung des Äußern".[158] Ob nun die Autoren von den edlen Wilden schwärmten[159] oder ob sie ihre Leser mit ästhetischen Schreckensbildern von Negern schockten,[160] der wertende Rückschluß von äußeren Merkmalen auf soziale Qualitäten wie bei Lavater[161] oder allgemeiner, die Fundierung der gesellschaftlichen Ordnungen mit Naturgesetzen gehörte zum Kernbestand wissenschaftlichen und populären Räsonnements.

So heißt es bei Montesquieu: "Die vernunftbegabte Welt hat Gesetze ..., die ihrer Natur nach unveränderlich sind"[162]. Der absolute Maßstab dieser positiven Gesetze liegt in den loi naturelle (Naturgesetzen).[163] Nun ist nicht zu übersehen, daß in unterschiedlichen Gesellschaften unterschiedliche Gesetze und Gesetzesauffassungen herrschen. Der Grund liegt in verschiedenen Klimata, die eine evolutionäre Ausdifferenzierung bewirkt haben.[164] Dabei ist für Montesquieu klar, daß mehr physische und intellektuelle Kraft in kälteren Klimazonen zu finden sind. Denn: "Die Wärme des Klimas kann so außerordentlich sein, daß der Körper vollständig kraftlos ist. Dann teilt sich die Ermattung auch dem Geist mit, es gibt keinen Wissensdrang, keine edle Handlung, keine hochherzige Empfindung; Neigungen bleiben ganz passiv, Nichtstun ist das Glück. Die meisten Strafen werden dort leichter ertragen als seelische Anpassung und die Knechtschaft leichter als geistige Anstrengung, deren es zur eigenen Beherrschung bedarf".[165] Das heißt, die Argumentation geht von natürlichen Bedingungen aus, der bestimmte Charaktere entsprechen, die wiederum mit den Gesetzen, den Regierungsformen zusammenhängen.

Die Ausgangsunterscheidung Montesquieus zwischen positiven und physischen Gesetzen wird mit dieser environmentalistischen Klimatheorie wieder zurückgenommen und eine Widersprüchlichkeit konstituiert, die einerseits eine besondere Begründungspflicht für die Welt der positiven Gesetze kennt und im Kulturvergleich zum soziologischen Relativismus neigt,[166] andererseits die Variationen dieser Welt auf physische Bedingungen zurückführt, gesellschaftliche Verhältnisse letztlich doch wieder in Naturgesetzen verankert. Montesquieus Environmentalismus schließt ein, daß Nordeuropäer, in warmes Klima versetzt, die dem Klima entsprechenden Verhaltensweisen annehmen, denn klimatische Bedingungen produzieren die "... Unveränderlichkeit der Religion, der Sitten, Lebensgewohnheiten und Gesetze ...".[167]

Das Blut spielt für das Zusammenspiel von körperlichen Bedingungen und gesellschaftlichem Leben eine entscheidende Rolle, denn seine Beschaffenheit, dünn- oder dickflüssig, hat verhaltensbegründende Bedeutung. Damit deutet sich eine Veränderung der Klassifikationsmerkmale der Menschen an: von der Hautfarbe als einzigem Differenzierungsmerkmal über die Ausdifferenzierung äußerer Merkmale einschließlich deren exakter Vermessung geht der Weg zu inneren Merkmalen, insbesondere dem Blut, um schließlich heute sich bei Genen zu befinden. Dabei scheint nicht entscheidend, daß klassifiziert wird, sondern wie, das heißt, mit welcher erkenntnistheoretischen Absicht es getan wird. Jene Autoren, die die Frage nach dem Menschen mit dem Verweis auf ein natürliches Substrat beantworten, stehen in Gefahr, soziale Unterschiede in rassische umzudeuten und eine weiße Suprematie zu begründen.

An Montesquieus Position zur Sklaverei wird dieser Vorgang sehr deutlich. Er ist gegen die Sklaverei, weil sie bei Herrn und Sklaven "schlechte Gewohnheiten" produziert. "Die Sklaverei widerstreitet im übrigen dem bürgerlichen Recht genauso wie dem Naturrecht".[168] Nun widerspricht die Realität aber dieser apodiktischen Vorstellung, denn es gibt Sklaven. Die Frage ist also, wieso? "Da aber alle Menschen von Geburt aus gleich sind, so muß man sagen, daß die Sklaverei gegen die Natur verstößt, obgleich sie in einigen Ländern auf natürlichen Ursachen beruht; man muß gut unterscheiden zwischen diesen Ländern und jenen, wo auch die natürlichen Ursachen ihr entgegenstehen, wie die Länder Europas, wo sie ja gleicherweise abgeschafft ist".[169] Vom Klima unbegünstigt, liegen die Schwachpunkte des zivilisatorischen Prozesses natürlich in Ländern vorwiegend schwarzer Bevölkerung, denen gegenüber auch die Gelben einen natürlichen zivilisatorischen Vorsprung haben. So bemerkt Montesquieu zum Verhältnis von gelben zu schwarzen Menschen feinsinnig: "Es ist so natürlich, zu glauben, daß gerade die Farbe das Wesen der Menschheit ausmache und daß die Völker Asiens, wenn sie Eunuchen machen, immer gerade die Schwarzen in besonders auffälliger Weise der Ähnlichkeit berauben, die sie mit uns verbindet".[170] Montesquieu, so läßt sich sarkastisch formulieren, weiß es besser; es ist nicht die Hautfarbe, sondern das Klima, und im Prinzip würden die Schwarzen im nördlichen Klima der gleichen Kulturleistungen fähig sein wie die Weißen. Nur leider leben sie in Afrika, und dessen Völker "... kennen kein Gewerbe, keine Künste ...".[171] Faul und schlapp aus klimatischen Gründen, neigen sie zu despotischen Regierungsformen, weshalb "die natürliche Sklaverei ... also auf einzelne bestimmte Länder der Erde beschränkt werden muß".[172] Die schlechten Regierungsformen gegeben, tendieren diese Völker dazu, ihre eigenen Lebensgrundlagen zu zerstören: "Wenn die Wilden aus Louisiana Früchte ernten wollen, fällen sie den Baum und pflücken die Früchte".[173]

Vom ambivalenten Gesetzesbegriff bei Montesquieu her argumentierend, verweist Falk darauf, daß all diese Argumentationen nicht wertend gemeint seien. Das mag durchaus sein, doch das Problem bleibt, daß Montesquieu einen Primat der nördlichen Völker begründet,[174] der im Klima wurzelt und sich in höheren Kulturleistungen ausdrückt. Der kulturalistisch argumentierende Rassismus, der das 19. Jahrhundert stark prägen wird, deutet sich an.

Zur Funktionalität dieser Argumentationen für die politische Ereignisgeschichte stellt Dover fest: "... Der environmentalistische Determinismus paßte hervorragend zu den ökonomischen Bedingungen und dem erwachenden Nationalismus. Ausbeutung konnte sich keine bessere Rationalisierung wünschen als jene Doktrin, daß unterschiedliche Gesetze sich aus unterschiedlichen Nationalcharakteren ableiten und daß Institutionen den sie bedingenden geographischen Faktoren entsprechen sollten".[175] Insofern wundert es auch nicht, daß diese, auf Montesquieu zurückweisende Argumentationskette sich lange als Erklärungsmodus für rassische Unter- bzw. Überlegenheit hält, in ihrem kulturspezifischen

Charakter ausdifferenziert und insbesondere im 19. Jahrhundert immer wieder auch um das Nationenproblem zentriert wird.

So auch bei Johann Gottfried Herder, bei dem sich nach Territorium, Sprache und Brauch geschiedene Herrschaftsgebilde einem radikalen Universalismus widersetzen. In Herders Sprachphilosophie werden beispielsweise gesellschaftliche Strukturen mechanisch auf den Nenner biologischer Kategorien reduziert;[176] ein Sprungtheorem existiert nicht. Der biblischen Vorsehungslehre erteilt er zwar eine deutliche Absage und vermenschlicht die sozialen Verhältnisse[177], schafft aber zugleich eine neue hierarchische Ordnung nach Rassen durch die Entwicklung kultureller Unterscheidungskriterien. "Nahe an den Affen stellte sie (die Natur, E.J.D.) den Neger hin und von der Negervernunft an bis zum Gehirn der feinsten Menschenbildung ließ sie ihr großes Problem der Humanität von allen Völkern aller Zeiten auflösen. Das Notwendige, zu welchem der Trieb und das Bedürfnis führt, konnte beinahe keine Nation der Erde verfehlen; zur feineren Ausbildung des Zustands der Menschheit gab es auch feinere Völker sanfter Klimate".[178] Dazwischen lassen sich viele Klassifikationen entwickeln, weil die geoklimatischen Verhältnisse völkerdifferenzierend wirken.[179] Die "feineren Völker" liegen, wie könnte es anders sein, in Europa, das durch Klima, kulturelle Kontakte und Selektion zum Guten hin diesen zivilisatorischen Zustand erreicht hat[180] und denen der superiore Rang "... vor anderen Völkern ... gebührt".[181] Unter den europäischen Völkern wiederum sind es die deutschen Völker, "die den größten Teil von Europa nicht nur erobert, bepflanzt und nach ihrer Weise eingerichtet, sondern auch beschützt und beschirmt haben, ... Ihr Stand unter den anderen Völkern, ihr Kriegsbund und Stammescharakter sind also die Grundfesten der Kultur, Freiheit und Sicherheit geworden; ...".[182]

Herder ist hier so ausführlich zu Wort gekommen, um einmal mehr auf die lange Tradition der Erklärung von Geschichte aus Naturprozessen zu verweisen und um den Charakter des rassistischen Modells, das sich seit dem Zeitalter der Entdeckungen entwickelt, genauer herausarbeiten zu können. Doch bevor das weiter geschieht, sei einem Einwand vorgebeugt, nämlich, daß es sich bei Montesquieu oder Herder um Einzelfälle handele. Deshalb greife ich sehr knapp auf einzelne rassistische Äußerungen anderer Autoren zurück, ohne hier die Zusammenhänge ihrer Gedankengebäude genauer zu erläutern.

Bei Kant beispielsweise ist die Geschichte ein teleologischer wie kausaler Naturprozeß. Die "ungesellige Geselligkeit" des Menschen wird bei ihm qua Natur zur Auflösung gezwungen, um so zu einer "weltbürgerlichen Gesellschaft" zu gelangen, die die "... Bestimmung des Menschengeschlechts ist", der sie "... nicht ohne begründete Vermutung einer natürlichen Tendenz zu derselben ..."[183] zum Durchbruch zu verhelfen hat. In dieser weltbürgerlichen Gesellschaft gibt es auch Rassen, nach Hautfarbe geschieden: Weiße, Neger, Hunnen und Hindus. Diese Unterschiede wurden durch Luft und Sonne hervorgerufen. Die entstandene Rassengestalt ist stabil, "... weil der Charakter der Rasse einmal in der Zeugungskraft überwiegend geworden"[184] ist. Die hierarchische Ordnung unter diesen Rassen ist ebenfalls deutlich: Die Neger "stinken", sind einerseits zwar "... stark, fleischig, gelenk", andererseits "... aber unter der reichlichen Versorgung seines Mutterlandes faul, weichlich und tändelnd ...".[185] Das "Naturell" der Amerikaner verrät "halb erloschene Lebenskraft". "Um nur ein Beispiel anzuführen, so bedient man sich in Surinam der roten Sklaven (Amerikaner) nur allein zu häuslichen Arbeiten, weil sie zur Feldarbeit zu schwach sind, als wozu man Neger braucht. Gleichwohl fehlt es hier nicht an Zwangsmitteln; aber es gebricht den Eingeborenen dieses Weltteils überhaupt an Vermögen und Dauerhaftigkeit".[186] Deutlicher kann die weiße Superiorität wohl kaum ausgedrückt werden, ohne sie explizit zu nennen. Die große Klammer zur Einschätzung dieser Zitate bildet das geschichts- und gesellschaftsphilosophische Handlungsziel des Zeitalters: die Herstellung einer vollkommenen Ordnung der Welt durch die Beseitigung aller bisherigen Dogmen durch Vernunft. Deshalb stellt die Aufklärung die zentrale Frage "Was ist der Mensch?" und beantwortet sie auch mit rassistischen Typologien, bzw. mit Ausgrenzungen gegenüber bestimmten Gruppen.

So heißt es bei David Hume: "Es gab niemals eine andere zivilisierte Nation von anderer Hautfarbe als weiß, oder gar ein bedeutendes, handelndes oder denkendes Individuum. Keine einfallsreichen Fabrikanten gab es, keine Künste, keine Wissenschaften. Andererseits haben selbst die rücksichtslosesten, barbarischsten Weißen, wie die alten Germanen und die gegenwärtigen Tartaren irgend etwas Bedeutendes: ihre Tapferkeit, die Regierungsform oder etwas anderes. Solch ein durchgängiger und konstanter Unterschied hätte sich nicht in so vielen Ländern zu so unterschiedlichen Zeiten entwickeln können, wenn die Natur nicht eine originäre Unterscheidung zwischen diesen Arten von Menschen gemacht hätte. Ohne auf unsere Kolonien einzugehen, so gibt es Negersklaven über ganz Europa verteilt, von denen keiner jemals Symptome von Einfallsreichtum entwickelte; diese niederen Menschen ohne Bildung mögen bei uns ihre Karriere versuchen und bleiben doch in jedem Beruf unterscheidbar".[187]

Jene, die bislang den sozialphilosophischen Diskurs der Vergangenheit gesellschaftstheoretisch und -kritisch zu verorten versucht haben, sahen jenen der Aufklärung im Kontext von Kapitalakkumulation, Marktmechanismus und entstehender bürgerlicher Gesellschaft. Ich halte diese Bezüge nicht für falsch, meine jedoch, daß hier ereignisgeschichtlich wie theoriegeschichtlich zwei Entwicklungen zu kurz kommen, nämlich der Kolonialismus und seine diskursive Legitimation.[188] Hobbes konnte die Zukunftsorientierung menschlichen Strebens im Sinne eines ständig fortschreitenden Verlangens nach Gütern als kontinuierliche Bewegung deuten, weil es die objektive Bewegung des kapitalistischen Akkumulationsprozesses gab,[189] über seine Voraussetzungen legte er sich keine Rechenschaft ab: die kolonialistische Expansion. Obwohl, wie ich angedeutet habe, die anthropologischen Annahmen Hobbes' dazu durchaus ausgereicht hätten. Anders bei Montesquieu, der auch explizit den Bezug zur Rassenproblematik zieht, wie eben andere Aufklärungsautoren auch. Kolonialistische Expansion unter dem legitimatorischen Druck aufklärerischer Gleichheitsvorstellungen war nur zu begründen,[190] wenn ein anderes proprium zu entwickeln und zu begründen war, das die Gleichheitsansprüche in seine Grenzen verwies. Es etablierte sich in der naturwissenschaftlichen, endlich biologischen Antwort auf die Frage: Was ist der Mensch?[191] Damit wird es möglich, Menschen in Rassentypologien zu klassifizieren und den Begriff der Rasse zur Kennzeichnung einer angeborenen physischen Qualität zu benutzen. Vorher war der Rassenbegriff - sofern er überhaupt benutzt wurde - überwiegend zur Kennzeichnung von Abstammungslinien benutzt worden, die aus historischen Prozessen resultierten, die aber über die Generationen hinweg nicht als stabil angesehen wurden.[192] Mit der kolonialistischen Expansion beginnen die Menschen Europas andere zunehmend nach den Maßstäben dieser angenommenen biologischen Differenz wahrzunehmen und aus dieser ihre eigene Selbstverortung im Kosmos zu betreiben. Einerseits ermöglichten die Naturwissenschaften also die Lösung gewisser, vorher als individuelles Schicksal zu erleidender Reproduktionsprobleme, andererseits wird der neu gewonnene Spielraum von Macht und Wissensverfahren ausgefüllt, um die Menschen "... zu kontrollieren und zu modifizieren".[193]

Wird diese Phase als Übergang vom Feudalismus zum Kapitalismus gesehen, so entsteht mit dieser Entwicklung also eine neue Möglichkeit, Herrschaft zu definieren, Gleichheit respektive Ungleichheit gesellschaftlich zu legitimieren. Das neue Medium sind die Naturwissenschaften bzw. anders formuliert: Herrschaft und Ungleichheit werden durch Wissenschaft legitimationsbedürftig und durch sie legitimiert. Das neue proprium, die Naturwissenschaft, liefert das Material, die Techniken der Macht- und Herrschaftsausübung zu entwickeln. Indem die körperliche Leistungsfähigkeit der Menschen gemäß angeborenen, körperlichen Merkmalen gedacht wird, lassen sich Hierarchien von Leistung und Gratifikation aufstellen, die gattungsgeschichtlich abgesichert werden. "Diese Bio-Macht war gewiß ein unerläßliches Element bei der Entwicklung des Kapitalismus, der ohne kontrollierte Einschaltung der Körper in die Produktionsapparate und ohne Anpassung der Bevölkerungsphänomene an die ökonomischen Prozesse nicht möglich gewesen wäre", heißt es bei Foucault.[194] Die Entwicklung dieser Bio-Macht entsteht auf dem Hintergrund kolonialistischer Unterdrückung und deren rassistischer Legitimation durch diese Bio-Macht. Das heißt "die Abstimmung der Menschenakkumulation mit der Kapitalakkumulation"[195] geschieht bereits auf einer Differenzannahme, jener zwischen farbigen und weißen Rassen. Eine doppelte Legitimation der Bio-Macht ist damit gegeben: In den Naturwissenschaften und in den ihnen zugrunde liegenden anthropologischen Grundannahmen. Die Entwicklung zur Arbeitskraft hin als einem zentralen Charakteristikum moderner kapitalistischer Gesellschaften geschieht also bereits auf dem Hintergrund ihrer Spaltung in ein weißes und ein farbiges Segment; auf dem Hintergrund also von Ungleichheit. Die Struktur der Naturerkenntnis kennt ein zentrales, anthropologisch verankertes Interesse, nämlich die Natur in Konstanzsätzen faßbar zu machen, die als Wahrheit gelten.[196] Das Konstante ist das Wahre. Rasse wird zum Konstanten, ausdifferenziert schließlich über ihre angenommenen Konstituentien: Hautfarbe, Schädelform, Körpergestalt, Blut, Gene.[197] Und dieses Wahre wird als Grenze menschlicher Geschichtlichkeit gedacht, als menschliche Geschichtlichkeit prägend und steuernd. Die Aufklärung und schließlich die Denker des 19. Jahrhunderts verankern im wissenschaftlichen und populären Diskurs diese Grundannahmen. Ihre endgültige Verfestigung zur politischen Doktrin findet im 19. Jahrhundert statt, das von stabilen Menschentypen, einer endlichen Zahl von Rassen, stabilen Unterschieden zwischen ihnen und der Prägung der Zwischenrassen bzw. Sozialbeziehungen zwischen ihnen ausgeht. Darwins Entdeckungen entziehen diesen Grundannahmen zwar faktisch den Boden, doch politisch-praktisch blieben sie bestehen. Im Gegenteil, im Sozialdarwinismus verbanden sich die alten Grundannahmen mit darwinistischen Erkenntnissen. Rasse wurde zur entscheidenden sozialen Kategorie bei zahlreichen Autoren.[198]

Kapitel 4

Das Weltbild des wissenschaftlichen Rassismus

Änderungen des Naturverständnisses implizieren Veränderungen des Rassismusverständnisses bzw. der Rassenproblematik. In der Aufklärung spätestens werden Rasseneinteilungen wissenschaftlich begründete Ordnungskategorien im Kontext von Herrschaft. Das bleiben sie bis heute. Aber die Nutzung der Kategorie erfährt die Notwendigkeit wissenschaftlicher Begründungen, um Legitimationen zu generieren, indem die Wissenschaften und speziell die Naturwissenschaften zum neuen "proprium" der entsäkularisierten Welt werden. "Die Folge war ein Vordringen des Rassengedankens in die Disziplin nahezu aller Fakultäten: Geschichte, Philosophie, Philologie, Völkerkunde, Pädagogik, Soziologie und Ökonomie, politische Wissenschaften, Anthropologie, Humanbiologie und Medizin".[1] Der wissenschaftlich aus der Gesellschaft Exterritorialisierte ist nicht mehr vom Schicksal zu dieser Rolle bestimmt, kann wie bei und im Gefolge von Aristoteles durch den Widerstand dieses Schicksal wenden, sondern er ist - nun auch durch Wissenschaft erwiesen - notwendigerweise exterritorialisiert, weil zum Beispiel intellektuell und emotional "zurückgeblieben" (Rekapitulationstheorie). Die moderne Wissenschaft verändert den Begründungshaushalt für rassistische Ordnungsorientierungen in der Gesellschaft.

Dabei erweisen sich die Naturwissenschaften als besonders geeignet, der auf Dauer gestellten Sinnkrise der Moderne durch rassistische Ordnungsvorstellungen angeblichen Sinn zurückzugeben. Indem in den Naturwissenschaften die Natur insgesamt als System der Materie aufgefaßt wird, kann der Mensch als Teil der Natur, sein Handeln als gleichbleibenden Gesetzen unterworfen gedacht werden. Das gilt auch für die Kategorie der Rasse als Element zur Kennzeichnung von Gruppenzugehörigkeit beim Menschen als Teil der Natur. Selbstaufklärung der Menschen über sich als Teil der Natur wird damit möglich. Möglich wird aber auch, die Erkenntnis auszublenden, wonach die Naturwissenschaften "... in ihrer Entstehung und in ihrem Fortschritt der allgemeinen Geschichte verhaftet ..."[2] bleiben, möglich wird folglich, ihren Gesetzesbegriff zu verdinglichen, indem die Analyse der gesellschaftlichen Existenz des Menschen in Analogie zu naturwissenschaftlichen Gesetzen gedacht wird oder direkt aus ihnen abgeleitet wird. Die Entgeschichtlichung produziert jenes Legitimationspotential auf der Basis quasi gesicherten Wissens, das in politische und ökonomische Herrschaftsinteressen eingebaut werden kann und sie zugleich ausdrückt. Übersehen wird dabei zudem, daß es sich bei naturwissenschaftlichem Wissen nur um eine Form des Wissens handelt, dessen Anwendung auf den Bereich der Gesellschaft recht fragwürdig ist.

Die modernen rassistischen Theorien sind wissenschaftliche Theorien; Analytiker des Rassismus tun sich immer noch schwer mit dieser Erkenntnis, die im Analyseprozeß notwendigerweise immer die selbstkritische Frage nach dem eigenen Anteil an der Rassisierung sich gefallen lassen muß. Theoretisch ergibt sie sich mit Notwendigkeit daraus, daß Fakten schon immer theoriedurchsetzt sind und mithin die Natur als Schiedsrichter im Streit um das bessere Paradigma ausscheidet.[3] Diese theoretische Einsicht, dieser Wahrheitsvorbehalt konfligiert natürlich mit dem Anspruch nach Wahrheit von Wissenschaft. Ein Dilemma entsteht, das rein wissenschaftlich nicht auflösbar ist, das aber wissenschaftliche Ergebnisse je nach Interessen für politische Entscheidungen unterschiedlicher Couleur handhabbar werden läßt und zugleich den Bedarf nach mehr wissenschaftlicher Aufklärung über die Rassenfrage steigert.

Im Altertum wie im Mittelalter konnte Rasse als Kategorie der Reflexion nicht begründungspflichtig sein, weil Natur- und Sozialwelt als Einheit gedacht wurden und folglich das Problem der Rolle von Rassen in der Geschichte so nicht auftauchen konnte. Die Möglichkeit der Klassifikation von Menschengruppen war ab ovo begrenzt, da ihre Orte in der Menschengesellschaft durch Götter oder Gott festgelegt waren. Tägliche Nutzanwendung und Kosmologien bildeten eine Einheit, deren herrschaftliche Verfaßtheit als "natürlich" galt. Begründungsinhalte ergaben sich aus der göttlichen Ordnung, dem "corpus christianum", sie mußten nicht erst diskursiv hergestellt werden durch Wissenschaft und/oder öffentliche Auseinandersetzung. Die Vernatürlichung von

Herrschaft und Stigmatisierung als Herrschaftsmechanismus waren aber jene zentralen Elemente, die als kumulativ entstandene Voraussetzungen für das moderne rassistische Weltbild zu gelten haben.

"Die naive Vorstellung geht davon aus, in dem Wissen um die Dinge und Ereignisse in der Außenwelt diese Außenwelt auch tatsächlich zu erfassen".[4] Wiewohl erkenntnistheoretisch problematisch, drückt sich in ihr eine Vorstellung von Wissenschaft, von Beherrschbarkeit der Welt aus, die dem inneren Bedürfnis nach stabilen Ordnungsschemata des modernen Menschen korrespondiert und so folglich als ein Problem allgemeiner Virulenz in der Moderne zu betrachten ist, nicht als wissenschaftstheoretischer Fehler, als Vorurteil etc. Zwar gilt für jedes Naturverständnis, auch für jenes von den Menschenrassen, der logische Vorrang des Wissens vor dem Objekt; das schließt aber nicht aus, daß dadurch keine objektive Realität mehr abgebildet wird, daß experimentell gesichertes Gesetzeswissen nicht möglich ist, wenn es auch in seiner Zeitlichkeit zu begreifen ist. Rassistische Theorien drücken ein naives Naturverständnis aus, existieren ohne wissenschaftskritischen Vorbehalt über die Objektivität des Wissens. Er wird ersetzt durch die "Natur", durch "givenness", durch "Primordialismus" etc.

Das gilt übrigens auch für moderne Theorien wie zum Beispiel die Soziobiologie, deren immanenter Rassismus unübersehbar ist und die systemtheoretisch-funktionalistisch argumentiert. Für das hier behandelte Problem ist es gar nicht notwendigerweise auf deren innere Schlüssigkeit und Logik zu rekurrieren, um ihre fehlende Antwort auf die Sinnfrage zu zeigen. Wenn Soziobiologen behaupten, daß das Gesamtsystem der Materie sich als ein in sich kohärentes Gebilde erwiesen habe, so mag dem zugestimmt werden oder nicht. Sinn wird damit diesem Gesamtsystem noch nicht abgewonnen. Lebewesen sind ohne teleonomische Deutung überhaupt nicht begreifbar. Ihre Verortung im Rahmen als sinnvoll bezeichneter Gesamtordnung, das heißt als Teile von Systemstabilität und -wandel, impliziert aber einen anderen Sinnesbegriff als jenen, den der moderne Mensch sucht. Dieser ist Handlungssinn, meint, wie immer diffus, teleologische Sinnkonzepte der menschlichen Lebensführung. Und hier generiert der Rekurs auf Rasse in der Soziobiologie, auf einen evolutionstheoretischen Rassebegriff, nur scheinbare Sicherheit für die menschliche Sinnproduktion. Allerdings können in seiner popularisierten, wissenschaftlich nicht haltbaren Variante Herrschaftswissen und Rezeptwissen gebunden werden, das dann jene Sicherheit zu suggerieren vermag, auf die die Sinnsuche abzielt. Auf Dauer wird das Problem dadurch jedoch nicht gelöst; der Mensch bleibt bei der Sinnsuche auf sich verwiesen; alle Konstrukte der Sinnproduktion über die äußere Welt, über die Menschennatur sind zeitgebunden und unterliegen im Fortgang notwendigerweise immer wieder der Erkenntnis, daß die Erkenntnisbedingungen im Subjekt selbst liegen, die Verantwortung des Menschen für die Welt nicht teilbar ist, auch nicht im Sinne von Herrschaftswissen über die Natur, über angebliche rassische, dem Naturhaushalt des Menschen geschuldete Ordnungen der Welt. Es bleibt dabei: Der Rassist erschafft die Rasse als Ordnungskategorie naturhafter Observanz.

In dem Maße, wie wissenschaftliche Produkte und Verfahren in das Alltagsleben einwandern, die Wissenschaft in ihre reflexive Phase eintritt,[5] in dem Maße wird die Virulenz rassistischer Gedanken in den modernen Gesellschaften verankert. Die Ausdifferenzierung der Wissenschaften und ihre Entwicklung zum zentralen Instrument systematischer Erkenntnisgewinnung in modernen Gesellschaften läßt einerseits auf immer neuen Gebieten mit immer neuen Methoden gewonnene Ergebnisse über Rassen zu einschließlich der Ablehnung des Rassenbegriffs wie weiter oben dargestellt, weil über Natur und Gesellschaft aufzuklären ist, andererseits impliziert die Konfrontation des Wissenschaftlers mit den Ergebnissen seiner Arbeit in der Realität die Versuchung, seine realitätstüchtigen Produkte ohne Selbstreflexion abzusichern, um ihre Glaubwürdigkeit nicht zu schmälern, das heißt, die Unabschließbarkeit der Aufklärung nun endlich abzuschließen. Die wissenschaftlich zu begründende Denkmöglichkeit von Rasse als symbolischem Mechanismus der Deklassierung ergibt sich aus der modernitätsspezifischen Problematik des Stiftens von Ordnung. Auch beim wissenschaftlichen Rassismus des 20. Jahrhunderts geht es also um die gedachten Ordnungsmodelle von Gesellschaft, die einen eigenständigen Fundus in Prozessen des sozialen Wandels darstellen, wirklichkeitsmächtig werden können. Die Anerkennung dieses kulturellen Fundus in der Analyse des Rassismus ist die entscheidende Voraussetzung seiner Kritik. Soziale Ungleichheit, wie sie der Rassismus international und national produziert und reproduziert, muß sich also einer Theorie bedienen, die den Rassismus als virulente gesellschaftliche Möglichkeit analysierbar macht.

Eine solche Theorie der Generierung sozialer Ungleichheit muß die aufgezeigten verschiedenen Elemente des Rassismus als ihm inhärent berücksichtigen. Das heißt, sie muß

1. die Notwendigkeit von Herrschaft gemäß dem Stand der jeweiligen Wissenschaften hinterfragen können;
2. für den Herrschaftsmechanismus der Zuschreibung mittels askriptiver Mechanismen genauso offen sein wie für jenen erworbener Zuschreibungen;
3. die Legitimation sozialer Ungleichheit mittels rassistischer Ordnungsvorstellungen kulturspezifisch als Bedarf und als Möglichkeit herausarbeiten können.[6]

Anmerkungen

Die Übersetzungen aus dem Englischen und Französischen stammen vom Autor.

Anmerkungen zu Kapitel 1:

1 Bourdieu, 1982, S. 729.
2 Dux, 1982, S. 13.
3 Vgl., ds., a.a.O., S. 14.
4 Ds., a.a.O., S. 14.
5 Bourdieu, 1982, S. 734.
6 Dux, 1982, S. 304.
7 Ds., a.a.O., S. 19.

Anmerkungen zu Kapitel 2:

1 Um der Untersuchung nicht vorzugreifen, wird hier noch nicht exakt zwischen Rasse und Ethnie unterschieden.
2 Der Text der endgültigen Erklärung und ihres Vorläufers sind zu finden in: The Race Concept, 1952. Vgl. auch Leiris 1962, wieder abgedruckt in: ds., 1972, wo er auf S. 72 formuliert "Man konnte glauben, daß mit der Niederlage des Hitlerregimes auch der Rassismus am Ende gewesen wäre". Vgl. auch van den Berghe, 1978, S. XII. Zur Periodisierung vgl. Geiss, 1988, S. 19f. Diese lesenswerte historische Arbeit, die meines Wissens im deutsch-, englisch- und französischsprachigen Bereich die erste ihrer Art ist, konnte von mir nicht systematisch berücksichtigt werden, da sie nach Fertigstellung dieser Arbeit erschien.
3 Weingart, Kroll, Bayertz, 1988, S. 605.
4 Geiss, 1988, S. 315.
5 Ds., a.a.O., S. 323.
6 Zur Periodisierung vgl. ds., a.a.O.
7 Vgl. Osborne, 1971. Allgemein zur Theorie sozialer Evolution, für die Differenzierung und Komplexitätssteigerung zentrale Mechanismen darstellen vgl. Eder, 1976, bes. S. 119ff. sowie Dux, 1982.
8 Vgl. Jacquard, 1981, S. 31ff.
9 Poliakov, Delacampagne, Girard, 1979, S. 15.
10 Liste der 34 Menschenrassen von Dobzhansksy, abgedruckt in: Poliakov, Delacampagne, Girard, 1979, S. 18ff.
11 Gould, 1988, S. 20; Einzelheiten zur Kraniometrie, S. 73ff.
12 Ds., a.a.O., S. 21.
13 Haeckel, 1898; vgl. zu Einzelheiten Gould, 1977. Die Entwicklung der Psychoanalyse und der Entwicklungspsychologie sind erheblich von dieser Theo-

rie beeinflußt worden. Vgl. Gould 1988, S. 119f. Vgl. auch Gossett, 1965, S. 154f.

14 Brinton, 1890, S. 48, zitiert nach Gould, 1988, S. 122.

15 Bei einem der Gründungsväter der Soziologie, Herbert Spencer, heißt es lakonisch: "Die geistigen Merkmale des Unzivilisierten ... sind Merkmale, wie sie bei den Kindern der zilivisierten Menschen auftreten". Spencer, 1895, S. 89f. Vgl. zu Spencer, Gossett, 1965, S. 149ff.

16 Jacquard, 1981, S. 32.

17 Toulmin, 1978, S. 516ff., wo die entsprechende Diskussion im Hinblick auf Sprachfähigkeit geführt wird. Sie kann zu dieser Erörterung parallel gelesen werden. Zur Diskussion des Verhältnisses Vererbung/Umwelt vgl. Reuck, Knight, 1968: Dobzhansky, 1970; Baer, 1973; Montague, 1964. Saller, 1969, stellt fest: "Die Zahl der Erbanlagen ist für den Menschen ... mit 6,7 Millionen berechnet worden. Die Schätzungen für die Zahl der Erbanlagen, welche die Rassenunterschiede des Menschen bedingen, liegen zwischen ... 6 (Glass) und höchstens 29-30 (W.C. Boyd)." (S. 10). Vgl. auch Dawkins, 1976, insbes. S. 3, 49ff. Dawkins, wie die Mehrzahl der Genetiker hängt dem Sprungtheorem an. Dieses besagt, daß mit der Entwicklung der Selbstdomestikation der Spezies Mensch, also mit der Ausbildung von Bewußtsein, ein evolutionärer Sprung eingetreten sei, der es notwendig mache, die biologische und die kulturelle Evolution streng zu trennen (vgl. S. 203ff.). Ähnlich auch Dobzhansky, 1969, S. 308. Vgl. auch Dux, 1982, insbes. S. 13-75. Vgl. auch die Beiträge von Hahnstein, Greiss und Osche in dem deutschsprachigen Sammelband des Zoologen Rolf Siewing, 1978.

18 Jaquard, 1981, S. 36.

19 Vgl. Dunn, Dobzhansky, 1970 (erstmals 1946), S. 123. Zur Bedeutung dieser Position bei der Formulierung der UNESCO-Deklaration Weingart, Kroll, Bayertz, 1988, S. 615ff.

20 Jaquard, 1981, S. 39.

21 Für Beispiele solcher Positionen vgl. Poliakov, Delacampagne, Girard, 1979, S. 21ff.

22 Jacob, 1981, S. 109. Bereits die Diskussion der Biologen in den frühen fünfziger Jahren faßt Rex, 1970, S. 4 so zusammen: "Das Konzept der Rasse, wie es von den Biologen benutzt wird, hat keine Bedeutung für die politischen Unterschiede zwischen Menschen ... ".

23 Dunn, Dobzhansky, 1970, S. 124f. Diese Position der Genetiker entspricht jener von der "exzentrischen Positionalität" des Menschen, wie sie in der Tradition von Plessner, Portmann, Claessens entwickelt wurde.

24 Vgl. Dittrich, 1988.

25 Banton, 1967, S. 4. Vgl. auch ähnlich Myrdal, 1975, S. 50ff.

26 Banton, 1967, S. 5.

27 Bornemann, 1975.

28 Zum Rationalitätsbegriff vgl. Habermas, 1981, Bd. 1, S. 31ff.

29 Rex, 1970, S. 36 bezeichnet diese Situation als einen "professionellen Skandal".

30 Berger, Berger, Kellner, 1975, S. 61.
31 Sennett, 1983, Gesellschaft, S. 19. Systematischer ds., 1983.
32 Sennett, Gesellschaft, 1983, S. 20.
33 Ds., a.a.O., S. 22.
34 Ds., a.a.O., 1983, S. 23.
35 Ds., a.a.O., S. 25.
36 Vgl. Habermas, 1976, S. 93.
37 Ds., a.a.O., S. 116.
38 Ds., a.a.O., S. 116.
39 Ds., a.a.O., S. 117.
40 Vgl. Parsons, 1975, S. 53ff.
41 Zum Verhältnis Gruppenidentität und Ich-Identität im Prozeß der sozialen Evolution vgl. Eder, 1980, S. 13-114.
42 Entsprechende Prozesse der "De-Vergesellschaft" durchlaufen auch Geschlechtscharakteristika. Die lange Tradition dieser Kategorisierungsschemata beleuchtet schlaglichtartig Jeay, 1981, S. 129ff.
43 Vgl. dazu Meuschel, 1981, S. 107ff.
44 Beispiele für solche Taxonomien liefert Osborne, 1971, S. 159ff. Diese Arbeit ist zugleich ein Beispiel für eine unklare Abgrenzung biologischer und sozialer Klassifikationssysteme.
45 Van den Berghe, 1978, S. 6. Ich teile diese Einschätzung, was den Status der Theoriebildung angeht, nicht aber die Einschätzung der quantitativen Entwicklung. Ähnlich, was den Status einer Theorie des Rassismus angeht, auch Zubaida, 1970, S. 1.
46 Rose, 1969, S. 393ff. Perlo, 1975; Becker, 1971; Thurow, 1969.
47 Rose, 1969, S. 393 (Hervorhebungen von E.J.D.).
48 Ds., a.a.O., S. 421.
49 Vgl. seine zehn Punkte der Kosten von Vorurteilen, ds., a.a.O., S. 404ff.
50 Die Analyse erscheint zuerst 1951. Sie ist in vielerlei Hinsicht äußerst problematisch, z.B. Roses Einschätzung des Rassismus als einer "... Perversion der frühen biologischen Wissenschaft ..." (S. 400). Der westliche Rassismus ist originär sozialwissenschaftlich. Vgl. Lévi-Strauss,2 1969, S. 227.
51 Vgl. Barth, 1969, besonders die Einleitung.
52 Wieweit diese Begriffe tatsächlich synonym gebraucht werden können, dazu vgl. weiter unten.
53 Berghe, van den 21978, S. XVI.
54 Vgl. Banton, 21969, S. 164. Vgl. auch Kohn, 1950, S. 37: "Rassistische Kontakte und folglich rassistische Konflikte verallgemeinerten sich im Zuge der Entwicklung des Imperialismus".
55 Berghe, van den, 21978, S. 13.
56 Ds., a.a.O., S. 12. So auch systematisch Lévi-Strauss, 1972. Poliakov, 1979, S. 45.
57 Vgl. Lévi-Strauss, 1972. Vgl. auch Köpping, 1982. Das Phänomen des Ethnozentrismus hat Köpping zu interessanten Bemerkungen über die sich daraus ergebenden Probleme ethnologischer Feldforschung angeregt.

58 Hier unterscheide ich mich von van den Berghe, 21978, S. 13, der diese äußerliche Klassifizierbarkeit anführt. Meines Erachtens läßt sich das z.B. für jüdische Bürger Nordeuropas so nicht halten, deren Zugehörigkeit zum mediterranen Typ nicht durchgängig feststellbar ist. Allerdings könnte möglicherweise van den Berghe den Antisemitismus nicht wie ich als eine Form des Rassismus betrachten, sonders als disparates Problem.

59 Ds., a.a.O., S. 14.

60 Vgl. Rex, 1970.

61 Ds., a.a.O., S. 39f.

62 Vgl. die Beispiele bei van den Berghe, 21978, S. 12 und die dort zitierte Literatur.

63 Ich folge hier E.P. Thompson, 1968.

64 Shibutani und Kwan definieren von ihrem ethnischen Ansatz her prägnant: "Ethnische Kategorien sind deshalb für soziale Schichtung bedeutsam, weil die Menschen glauben, daß es sich bei ihnen um die natürliche Teilung der Menschen handelt". Shibutani, Kwan 1965, S. 47.

65 Ähnlich heißt es bei Schmitt/Egner, 1976, S. 377: "Der Rassismus entspringt genau aus der Differenz von historisch-moralischer Reproduktion und physischer Reproduktion, denn die 'Wertbestimmung' als Mensch wird hier in Natur aufgelöst. Er wird auf Tiernatur reduziert. Der Kolonisierte erscheint deswegen als 'tierisch', weil hier seine gesellschaftliche Bestimmung mit der ersten Naturbestimmung zusammenfällt".

66 Vgl. Zubaida, 1970, S. 1f.

67 Ich bewege mich dabei in der US-amerikanischen Forschungstradition. Das hat forschungsgeschichtliche Gründe. Die USA sind meines Erachtens das einzige Land, in dem sich spätestens seit den vierziger Jahren eine systematische, sozialwissenschaftliche Beschäftigung mit dem Thema entwickelt. In England und Frankreich gibt es Forschungsansätze, die sich seit den siebziger Jahren ausweiten, in der Bundesrepublik ist das Thema Rassismus / Diskriminierung nahezu nicht existent. Erst seit den achtziger Jahren ist ein spürbarer Wandel zu beobachten. Die bundesrepublikanische Diskussion wurde und wird in erheblichem Ausmaße von der US-amerikanischen Forschung geprägt, so daß die Beschäftigung mit ihr sich auch von daher als sinnvoll erweist.

68 Myrdal, 1964, bes. S. 24, 52f., 68, 101. Für Myrdal war das Problem übrigens primär ein Problem des Südens der USA, wo durch die Sklaverei Vorurteile entstanden seien, die zu jenen individuellen Akten der Diskriminierung, und zu jenen, dort zu findenden Mustern rassischer Segregation geführt hätten. Die von Myrdal wesentlich beeinflußte Vorurteilsforschung beherrschte auch die Sozialwissenschaften der Bundesrepublik. Das gilt inbes. für die Ausländerforschung mit der ihr meist inhärenten Folge der Pädagogisierung gesellschaftlicher Probleme. Erst in den achtziger Jahren entwickelt sich dagegen Kritik. Vgl. Griese, 1984; Bukow, Llaryora, 1988; Dittrich, Radtke, 1990.

69 Myrdal, 1964, S. 1.

70 Diese Aufzählung ist keinesfalls vollständig. Vgl. Feagin, Feagin, 1978, S. 2ff.

71 Merton, 21970, S. 449ff. Mertons kurze, aber einflußreiche Bemerkungen stammen aus der Zeit der vierziger Jahre. Eine ähnliche argumentative Grundstruktur finden sich noch heute in vielen bundesdeutschen Untersuchungen. Ob diese zentral mit dem eingedeutschten Terminus Ethnizität, mit Identität oder mit Kultur arbeiten, immer geht es um Werte und Normen, die zwischen Ausländern, Aussiedlern, Sinti und Roma, Juden usw. und Inländern differieren, und meist wird auf die Tradition einer sich kritisch-emanzipatorisch nennenden Sozialwissenschaft verwiesen, deren Ziele Partizipation, Abbau von Defiziten, Chancengleichheit, Selbstverwirklichung lauten. Übersehen wird dabei, daß auf diese Weise sozialstrukturelle Problemlagen in kulturelle, in identifikatorische, in ethnozentrische umgedeutet werden, wo es doch gerade darauf ankäme, Unterschiede in der kulturellen Wertung und sozialstrukturelle Problemlagen analytisch zu integrieren (vgl. Brumlik, 1980).

72 Zur Kritik vgl. Poliakov, 1979, S. 158ff. Die Grundposition läßt sich mit folgendem Zitat des US-Amerikaners MacCrone bezeichnen: "Die extra-individuellen Konflikte zwischen zwei rassischen Gruppen sind nur intra-individuelle Konflikte in Großbuchstaben ..." zit. nach Poliakov, 1979, S. 162.

73 Vgl. DeFleur, Westie, 1958, S. 667ff.; Brigham, 1971, S. 360ff.; Acock, Defleur, 1972, S. 715ff.; Ewens, Ehrlich, 1972, S. 348ff.; Warner, Dennis, 1970, S. 473. Das ist natürlich nur eine kleine Auswahl empirisch, auf Messung hin orientierter Arbeiten.

74 Die argumentative Grundfigur, daß vorurteilsbehaftete Einstellungen zu Diskriminierungen führen können, wurde im "mainstream" aber beibehalten. Vgl. Simpson, Yinger, 1970; Allport, 1958; Tumin, 1973; Kinloch, 1974. Auch die Verlagerung blieb nicht unwidersprochen. 1975 kritisiert Butler den "institutionellen Ansatz", weil Diskriminierung immer die bewußte Handlung von rassisch vorurteilsbeladenen Menschen einschließe. Vgl. Butler, 1978, S. 6ff.

75 Vgl. so auch Blauner, 1972, S. 7.

76 Vgl. Becker, 11971.

77 Vater dieses Theoriestrangs ist Park, 1950. Die Assimilationisten gehen von einem gesellschaftlichen Druck in Richtung auf Inklusion der rassisch und ethnisch verschiedenen Gruppen aus. In aller Regel gibt es keine prinzipiellen Unterschiede zwischen rassischen und ethnischen Gruppen, was häufig zu Vergleichen führt von Einwanderergruppen und Afro-Amerikanern. Vgl. als neuere Arbeit Lieberson, 1980. Grundlegend für diesen Theoriestrang Gordon, 1964; Parsons, Clark, 1965; Glazer, 1975; Olson, 1979; Shibutani, Kwan, 1965. Eine gute Kritik lieferten Prager, 1972/73, S. 117ff.; und Feagin, Feagin, 1980, S. 1ff. Im Zuge der konservativen Wende in den USA hat dieser Ansatz eine Erneuerung erfahren. Vgl. z.B. insbes. die Arbeiten des Historikers Sowell; z.B. Sowell, 1978, Essays; Sowell, 1978; Sowell, 1981. Die letztere Arbeit schließt mit der Behauptung eines langsamen und gleichmäßigen Aufstieges der Afro-Amerikaner in der US-Gesellschaft und der Entstehung einer schwarzen Mittelklasse. "John Johnson stieg vom Schuhputzjungen in Chicago zum Besitzer eines millionenschweren Verlagshauses auf (Ebony, Jet,

etc.). Andere Schwarze wurden Millionäre im Versicherungswesen, im Sport und in der Unterhaltungsindustrie" (S. 216). Mit diesen Worten endet das Kapitel über Afro-Amerikaner. Typisch auch Wright, 1970, S. 211: "Menschen, die selbst Eigentum besitzen, sind nicht so schnell bereit, es auch zu zerstören. Daher sollte man es den Negern ermöglichen, in Geschäfte und Bauten zu investieren ... schwarze Menschen brauchen nur einen Hoffnungsschimmer".

78 Eine Ausnahme, die für die Debatten in der wissenschaftlichen Gemeinschaft aber vernachlässigt werden kann, bildet die von Cox bereits 1948 veröffentlichte Arbeit. Erst in den sechziger und siebziger Jahren wird sie nennenswert rezipiert. Cox, 1970.

79 Vgl. Feagin, Feagin, 1978, S. 7 und zur Entwicklung der sozialen Lage US-Department of Commerce, 21980.

80 Die scharfe Trennung der drei Ansätze respektive Forschungsrichtungen ist so nur heuristisch möglich. Häufig überlappen sie sich in verschiedenen ihrer Teilaspekte. Sie leugnen auch die Existenz der Vorurteile nicht, halten aber sozialwissenschaftliche Erklärungen des Rassismus, die auf sie abheben für verkürzt.

81 Vgl. Antonovsky, 1960.

82 Vgl. Blumer, 1960.

83 Vgl. Williams, 1966, S. 727ff.

84 Wellman, 1977.

85 Vgl. Blauner, 1972; Hechter, 1975; Moore, 1978; Carmichael, Hamilton, 1968; Clark, 1964; Kruse, 1968 hat bereits 1962 von einheimischem Kolonialismus zur Charakterisierung der Rassenbeziehungen in den USA gesprochen.

86 Blauner, 1972, S. VII.

87 Ds., a.a.O., S. 84.

88 Ds., a.a.O., S. 9f.

89 Clark, 1964, S. 79f.; vgl. auch Blauner, 1972, S. 85.

90 Feagin, Feagin, 1978, S. 12; dort auch zum Begriff Institution. Vgl. auch Knowles, Prewitt, 1969; Alvarez, Luttermann, 1979; Benokraitis, Feagin, 1977; der Begriff wurde wissenschaftlich von Hamilton, Carmichael, 1968 eingeführt.

91 Alvarez, 1979, S. 21.

92 Knowles, Prewitt, 1969, S. 5.

93 Feagin, Feagin, 1978, S. 12.

94 Ich habe mich zu dieser Vorgehensweise entschlossen, um die tiefe Verwurzelung des Phänomens im abendländischen Denken zu verdeutlichen. Die Explikation des Phänomens entlang der Entdeckung und Kolonisierung Nordamerikas hätte meines Erachtens zu kurz gegriffen, weil der Rassismus ältere Wurzeln hat.

95 Vgl. so auch Feagin, Feagin, 1978, S. 14. Falsch dagegen ihre Argumentation der "evil-motive"-Diskriminierung, weil es sich nicht um ein Problem des "criminal law" handelt, sondern um ein Problem des "law of tort". Vgl. Blumrosen, 1971, S. 173. Blumrosen war maßgeblich an der Entwicklung der Rechtsauffassung im Staatsapparat beteiligt.

96 Vgl. dazu genauer Kapitel 3.

97 Blumrosen, 1971, S. 176; in letzter Zeit scheint sich auf der legalen Ebene allerdings erneut ein Wandel abzuzeichnen. Vgl. Labor Notes, 1985, S. 2.

98 Alvarez, 1979, S. 7. Zweifellos können Organisationen nicht handeln, aber sie bilden den Legitimations- und Handlungsfundus diskriminierender Akte, die ohne die organisatorische Rückendeckung nicht möglich wären. Vgl. systematischer Feagin, Feagin, S. 25f.

99 Vgl. Weber, 1968, erwähnt ausdrücklich, daß unter Konkurrenzdruck der Rückgriff auf "äußerlich feststellbare Merkmale wie zum Beispiel Rasse zum Ausschluß von Wettbewerb" nicht auszuschließen sei (S. 260). Vgl. systematisch, Parkin., 1983.

100 Kanter, 1979, S. 54.

101 Vgl. Dittrich, Radtke, 1990.

102 Vgl. dazu Kalpaka, Räthzel, 1986.

103 Vgl. dazu Treibel, 1987, S. 23ff.

104 Ich greife dabei einen Vorschlag zur Konzeptualisierung von Berger, 1990 auf. Zur historischen Kontinuität von Arbeitsmigration und nationalistischer, respektive rassistischer Arbeitskräftepolitik vgl. Dittrich, 1989.

105 Castles, 1987, S. 21.

106 Ds., a.a.O., S. 21.

107 Ds., a.a.O., S. 96.

108 Ds., a.a.O., S. 94.

109 Die erste systematische, meines Erachtens höchst einflußreiche Studie marxistischer Theorierichtung stammt von Nikolinakos, 1973. Wie überhaupt implizit auch viele nicht-marxistische Autoren Elemente der marxistischen Theorie übernommen oder weiterentwickelt haben, ohne das zu explizieren.

110 Statt akkumulationstheoretisch argumentieren viele neuere Autoren mit einem Begriff von struktureller Gewalt, den sie den Analysen Galtungs entlehnen.

111 Eine Unterscheidung von Rassismus und Ethnozentrismus wird von Castles nicht vorgenommen.

112 Einzige Ausnahme bildet meines Erachtens Schmitt-Egner, der aber nicht auf ausländische Arbeitskräfte bezogen ist.

113 Ausnahmen stellen meines Erachtens die interessanten Bemühungen um eine Bestimmung des Rassismus bei Kalpaka, Räthzel, 1986 sowie bei Auernheimer, 1988 dar, auf die hier nicht näher eingegangen wird, weil es um Trends geht. Castles ist bezüglich Kultur völlig blaß und widersprüchlich. So zerstört einerseits der Kolonialismus die vorkapitalistischen Produktionsweisen und mithin wohl traditionale Verhaltensweisen, andererseits aber erfüllt die westeuropäische Arbeitskräfteanwerbung nach dem zweiten Weltkrieg diese Funktion. Vgl. Castles, 1987, S. 196.

114 Grundlegend für die Diskussion: Projekt Ideologie-Theorie, 1979. Ein Blick in die Reorientierungsliteratur der Ausländerforschung bestätigt die prominente Rolle der Studien. Vgl. Treibel, 1987; Heckmann, 1987; Wilpert, 1984; Griese, 1984.

115 Die Parallelen zur Einschätzung bei Castles sind unübersehbar.

116 Vgl. Griese 1984, S. 44.
117 Vgl. Hamburger 1984; Berger, 1990; Bukow, Llaryora, 1988.
118 Die Spannweite reicht dabei von den Arbeiten Bades, 1984 über Dohse, 1981, Heckmann, 1981 bis hin zu Bukow, Llaryora, 1988 und Auernheimer, 1988 sowie Hoffmann, Even, 1984 und Marten, 1982.
119 Vgl. Wilpert, 1984; Bukow, Llaryora, 1988; Dittrich, Radtke, 1990.
120 Wilpert, 1984, S. 324.
121 Bukow, Llaryora, S. 46f.
122 Ds., a.a.O., S. 93.
123 Ds., a.a.O., S. 107.
124 Ds., a.a.O., S. 107.
125 Ds., a.a.O., S. 105.
126 Vgl. Berger, 1990.

Anmerkungen zu Kapitel 3:

1 Daß auch andere Kulturen rassistische Denktraditionen entwickelt haben, zeigt beispielsweise Dover, 1952, und ds., 1952, Halevi.
2 Eder, 1976, S. 157.
3 Eisenstadt, 1979, S. 131.
4 Vgl., ds., a.a.O., S. 253ff.
5 Vgl. Banton, 1967, S. 16.
6 Vgl. Aristoteles, 1953. Der Rekurs, auf Aristoteles und z.B. nicht auf Plato legt sich auch deshalb nahe, weil letzterer "... sich überwiegend nicht mit historischer Realität ..." beschäftigt, während sich Aristoteles, insbes. in der "Politik", sich eng an der Realität Griechenlands orientierte. Vgl. de Ste Croix, 1981, S. 70. Als realgeschichtliche Einschätzung hält Geiss fest: "Die Sklaverei - als Produkt der agrarischen Produktion und extremste Form gebundener Arbeit - hatte mit ihren Verachtungsmechanismen einen besonderen Anteil am Entstehen protorassistischer Dispositionen". Geiss, 1988, S. 23.
7 Vgl. Hopkins, 1968, S. 166ff.; Weber, 1924, S. 298; Thomson, 1974, Bd. 2, S. 161ff.; sowie die umfassende neuere Arbeit von de Ste Croix, 1981, S. 133f.
8 Thomson, 1974, Bd. 2, S. 168.
9 Vgl. die zahlreichen Beispiele bei ds., a.a.O., S. 162ff.
10 Vgl. de Ste Croix, 1981, S. 149ff. und S. 409ff.
11 Vgl. ds., a.a.O.
12 Ds., a.a.O., S. 419ff.
13 Aristoteles, 1953, Metaphysik, S. 115ff.; ds., 1953, Politik, S. 285ff.
14 Bemerkenswert ist, daß in der griechischen Sprache das Wort andrapodon "Vollsklave" wörtlich "menschenfüßiges Geschöpf" bedeutet, eine Analogiebildung zu tetrapoda "vierfüßiges Vieh": Erstmals erscheint das Wort in der Ilias, vgl. Thomson, 1974, Bd. 2, S. 162.
15 Aristoteles, 1953, Politik, S. 286; vgl. auch die wissenschaftsgeschichtlich interessanten Bemerkungen zu Ähnlichkeit und Differenz Sklave/Frau bei den

Griechen und bei den Barbaren, S. 286ff.

16 Vgl. Nestle, 1983, S. XXXIX.

17 Aristoteles, 1953, Politik, S. 285.

18 Der Herausgeber von Aristoteles, Nestle, hält noch 1953 diese Unterscheidung für völlig adäquat und als parallel zu verstehen für unsere heutige Auffassung von "... Naturvölkern und Kulturvölkern oder Herrenvölkern (von niedriger oder höherstehenden Rassen), eine Unterscheidung, die in der Tat in der Natur begründet erscheint. Wohin die Verkennung dieses Unterschiedes aufgrund einer abstrakten Gleichheitstheorie führt, kann heute das Negerproblem in den Vereinigten Staaten von Nordamerika lehren" (S. XL).

19 Aristoteles, 1953, Aus der ältesten Politik, S. 104.

20 Ds., a.a.O., S. 104.

21 Vgl. Aristoteles, 1953, Politik, S. 92ff.

22 Ds., a.a.O., S. 92.

23 Ds., a.a.O., S. 304.

24 Ds., a.a.O., S. 305.

25 Ich unterscheide mich hier von Banton, 1967, S. 12. Meine Position teilen Poliakov, Delacampagne, Girard, 1967, S. 46ff.; Detweiler, 1932, S. 739; Rebérioux, 1969, S. 106ff.

26 Vgl. Detweiler, 1932, S. 739f.

27 Vgl. Hopkins, 1968, S. 174; de Saint Croix, 1981, S. 174ff.

28 Eine ambivalentere Einschätzung als die folgende nehmen Poliakov, Delacampagne, Girard, 1976, S. 50 ein.

29 Vgl. Hopkins, 1968, S. 170ff. Verschiedene Wissenschaftler verankern die Genese des Rassismus im Antisemitismus und lassen diesen in Rom beginnen. Ich schließe mich hier Poliakov an, der das für falsch hält. Die Rivalität zwischen Römern und Juden übersteigt weder von ihrer Intensität noch von ihrer Struktur her in dieser Zeit übliche Konflikte. Es sei hier nur an das 'Carthago delenda est' erinnert. Bezüglich der Juden galt: "Die Frage ihrer `Rasse` beschäftigte die Menschen des Altertums kaum". Poliakov, Bd. 1, 1977, S. 3. Von dieser Einschätzung her konnte an dieser Stelle der Arbeit darauf verzichtet werden, das Verhältnis von Juden und Christen respektive Römern in bezug auf die Frage zu untersuchen, ob hier eventuell bestimmte Grundelemente der rassistischen Theorien und rassistischer Praxis bereits entstehen. Vgl. Poliakov, Delacampagne, Girard, 1976, S. 18f., 25, 28, 30.

30 Was die christliche Phase angeht, vgl. weiter unten.

31 Z.B. im Bergbau, wo die Sklaven wohl häufig angekettet wurden, keine Familie hatten, keinen Privatbesitz und sich häufig zu Tode arbeiteten. Vgl. Schneider, 1983, S. 119ff.

32 Vorsicht bei der Interpretation ist grundsätzlich angebracht, liegen doch immer nur Beispiele spezifischer Autoren für dies oder jenes vor.

33 Vgl. Hopkins, 1967; de Saint Croix, 1981, S. 505f.

34 Vgl. ds., a.a.O., S. 174ff.

35 Vgl. ds., a.a.O., S. 175ff. und Weber, 1956, S. 1024ff. und wenn auch ungenau in der Darstellung S. 1013.

36 Hopkins, 1967, S. 175.
37 Vgl. de Ste Croix, 1981, S. 417.
38 Ds., a.a.O., S. 418.
39 Meines Wissens gibt es realgeschichtlich nur ein einziges Beispiel, die Unruhen in Alexandria, die möglicherweise als antisemitisch im Sinne von rassistisch bezeichnet werden und eine andere Interpretation nahelegen könnten. Vgl. dazu Rebérioux, 1969, S. 107f.
40 Ds., a.a.O., S. 109. So auch Detweiler, S. 739.
41 De Ste Croix, 1981, S. 409f. Das berühmte Diktum des Exsklaven Frederick Douglas scheint den Zusammenhang von Freiheitsgrad und Gewalt in bemerkenswerter Weise zu erfassen: "Schlage und stoße Deinen Sklaven herum, halte ihnen hungrig und geistlos und er wird den Ketten seines Herrn wie ein Hund folgen, ernähre und kleide ihn gut, behandele ihn moderat, umgebe ihn mit physischen Annehmlichkeiten und Träume von Freiheit werden entstehen! Wird dem Sklaven ein schlechter Herr gegeben, dann wünscht er einen guten Herrn; wird ihm ein guter Herr gegeben, dann wünscht er, sein eigener Herr zu werden". Zit. nach Stampp, 1964, S. 89.
42 Vgl. de Ste Croix, 1981, S. 418ff. Der Sklavenhandel wurde übrigens in den französischen Kolonien erst 1848, in den USA erst 1865 offiziell abgeschafft!
43 Vgl. de Ste Croix, 1981, S. 420 und ds., 1975, S. 1ff.
44 So argumentieren auch Rebérioux, 1969, S. 111 und in Übereinstimmung damit Poliakov, Delacampagne, Girard, 1979, S. 54, die beide die Kreuzzüge als Wendepunkt bezeichnen. Banton, 1967, S. 14 setzt den Wendepunkt dagegen auf die Entdeckung der Neuen Welt.
45 Vgl. dazu Kisch, 1980, S. 179ff.
46 So Poliakov, Delacampagne, Girard, 1976, S. 54; Rebtype("]")rioux, 1969, S. 112; Detweiler, S. 741.
47 Ds., a.a.O., S. 741.
48 In dieses Verhältnis eingeschlossen waren auch Phänomene wie die Person von Jehuda Halevi von Cordoba (ca. 1080 bis 1141), den Dover wegen seiner starken Verherrlichung jüdischer Erwähltheit als ersten rassistischen Philosophen des Mittelalters bezeichnet. Vgl. Dover, 1952, Halevi, S. 312ff.
49 Vgl. Poliakov, Delacampagne, Girard, 1976, S. 54.
50 Rebtype("]")rioux, 1969, S. 111.
51 Kisch, 1980, S. 202 (Hervorhebung E.J.D.).
52 Vgl. Caro, 1964, S. 51ff. und Poliakov, 1977, Bd. 1, S. 41ff.
53 Isaac, 1965, S. 317.
54 Caro, 1964, S. 452.
55 Ich beziehe mich hier auf Parsons, 1975, S. 56ff.
56 Vgl. Caro, 1964, S. 70.
57 Vgl. hierzu insbes. Isaac, 1956; Caro, 1964; Poliakov, 1977, Bd. 1 und 2; Rebérioux, 1969; Kisch, 1980.
58 Caro, 1964, S. 43; vgl. Poliakov, 1977, Bd. 1, S. 31.
59 Isaac, 1956, S. 314.
60 Vgl. Geiss, 1988, S. 23, der auf Noahs Fluch im 1. Buch Mose 9,25-27 ver

weist, woraus die Begründung für Sklaverei sich ableiten läßt einschließlich der Rolle der Nachfahren Hams (gleich Negride) als Sklaven: "Im arabischen-muslimischen Mittelalter sowie seit der euro-amerikanischen Neuzeit wurde der Noah-Fluch zur biblischen Grundlage der Rechtfertigung von Sklaverei und Inferiorität der Sklaven".

61 Vgl. Caro, 1964, S. 79.

62 Poliakov, 1977, Bd. 1, S. 32.

63 Isaac, 1956, S. 326.

64 Ds., a.a.O., S. 327.

65 Vgl. Poliakov, 1977, Bd. 1, S. 33.

66 Isaac, 1956, S. 328.

67 Vgl. Poliakov, 1977, Bd. 1, S. 32ff.

68 Ds., a.a.O., S. 43.

69 Vgl. so auch Caro, 1964, S. 211f.

70 Ds., a.a.O., S. 226.

71 Das gilt noch nicht für Südeuropa, wo das Handwerk für die Juden eine weit größere Rolle spielte.

72 Zur Definition abweichenden Verhaltens vgl. Schur 1971, S. 30.

73 Im folgenden geht es mir nicht um die historische Rekonstruktion der Geschichte des Antisemitismus, sondern um die Darstellung jener Herrschaftsprozesse, die als gesellschaftlicher Grundkonsens über Chancenverteilung im Sinne eines Weltbildes gegenüber den Juden bestand. Historische Fakten benutze ich eher als Beispiele. Schon allein aus Platzgründen können die zahlreichen Beispiele, die von Poliakov, Rebérioux, Kisch, Caro u.a. berichtet werden, hier nicht immer zitiert werden. Häufig muß der Verweis auf ein Beispiel genügen.

74 Vgl. so auch Caro, 1974, S. 213.

75 Poliakov, 1977, Bd. 1, S. 48.

76 Vgl. Poliakov, 1977, Bd. 2, S. 2.

77 Zit. nach ds., a.a.O., S. 148, Anm. 41 (Hervorhebung E.J.D.).

78 Zum Folgenden vgl. Caro, 1964, S. 307ff.

79 Vgl. ds., a.a.O., S. 421f.

80 Vgl. ds., a.a.O., S. 399, 416.

81 Weiter oben wurde bereits darauf beispielhaft hingewiesen. Weitere Beispiele bei ds., a.a.O., S. 401 .

82 Vgl. Foucault, 1979; Ariès, Béjin, 1984.

83 Vgl. die eindrucksvolle Darstellung bei Poliakov, 1977, Bd. 2, S. 6ff.

84 Diese Vorstellung, daß Juden Essen und Christen vergiften, reicht bis in unser Jahrhundert. "Meine zweite Freundin war die Tochter des Wächters im jüdischen Friedhof, die den übrigen als Jüdin galt. Die Lore leugnete dies zwar mir, aber ich begriff es nie ganz klar. Und um nichts in der Welt hätte ich Brot von ihr angenommen." Aus der Kindheit eines Proletariermädchens, 1929, S. 159 (Hervorhebung E.J.D.).

85 Zit. nach Poliakov, 1977, Bd. 2, S. 52.

86 Vgl. ds., a.a.O. S. 44f.

87 Solche Anklagen des Ritualmordes reichen bis ins 19. Jahrhundert. Vgl. ds., 1977, Bd. 1, S. 55. Historisch lassen sich diese Ideologeme bis in die Antike zurückverfolgen; vgl. Geiss 1988, S. 99f. Zur Blutreinheit als Abgrenzungskriterium, respektive zum Toledo-Statut von 1449, das diese Forderung erstmals aufstellt und das unter den Nationalsozialisten seinen mörderischen Höhepunkt der Entwicklung erfährt, vgl. ds., a.a.O., S. 117ff.

88 Vgl. Poliakov 1977, Bd. 1, S. 53ff.

89 Vgl. Vernant 1982, S. 81ff.

90 Interessant in diesem Zusammenhang Boltan 1976, Oettermann, 1979.

91 Was die Juden angeht, vgl. Kisch 1949.

92 Dazu Poliakov 1977, Bd. 1, S. 56ff. Die äußerliche Kennzeichnung wurde wohl vom Islam übernommen; vgl. Geiss, 1988, S. 102.

93 Vgl. Caro 1964, S. 291f. Und was die beiden Elemente angeht, vgl. Poliakov, 1977, Bd. 2, S. 13.

94 Vgl. Kisch 1980,S. 201f.

95 Caro 1964, S. 293.

96 Für Beispiele vgl. Caro 1964, S. 295f.

97 Caro erkennt die Bedeutung dieses Vorgangs leider nicht. Er führt ihn häufig auf das Gemüt, das heißt die Persönlichkeit der Herrschenden zurück. Vgl. ds., a.a.O., S. 299ff.

98 Literarisch verarbeitet finden wir das eindrucksvoll bei Lionel Feuchtwangers "Jud Süß" und bei der Autobiographie der jüdischen Handelsfrau Glückel von Hameln.

99 Vgl. Poliakov 1977, Bd. 2, S. 27f.

100 Beispiele ds., a.a.O., S. 38.

101 Vgl. Günther, 1930, S. 260ff.; dort bes. das Kapitel mit dem Thema: "Geruchliche Eigenart".

102 Vgl. Berger 1969, S. 112f.

103 Diese Argumentation ist nicht identisch mit jener Sombarts, der den Juden eine sehr große Rolle in der Ausbildung des Kapitalismus attestiert. Dagegen Pirenne, 1951; Heaton, 1936; Tawney, 1940.

104 Was ich hier historisch konkret mit Ambivalenz bezeichne, scheint eine Ausprägung eines viel allgemeineren Problems von Religion zu sein, wenn man Luhmann, 1982, S. 35ff. folgt.

105 Ds., a.a.O., S. 37f.

106 Dieses Nötigwerden hängt mit der Evolution der Religion selbst zusammen, die in der Klostertheologie des 12. Jahrhunderts erstmals reflexiv wird. Vgl. ds., a.a.O., S. 41f. und 43f.

107 Zit. nach Poliakov 1977, Bd. 2, S. 56.

108 Geiss, 1988, S. 82. Ich lehne mich in diesem Kapitel eng an Geiss an.

109 Zu den Abstrichen, die zu machen sind vgl. ds., a.a.O., S. 84. Dort findet sich auch eine kurze Abhandlung über die Rolle der Schwarzen im arabisch-moslemischen Mittelalter, das den Rassismus gegenüber Schwarzen, identisch mit Sklaven, schon stark ausbildete und den Handel mit ihnen zu einem festen Bestandteil seiner Ökonomie machte.

110 Ds., a.a.O., S. 87.
111 Ds., a.a.O., S. 88.
112 Meyer, 1977. S. 15.
113 Die Gegenthese vertritt Toynbee, 1934, Vol. 1, S. 223, nämlich, daß die mittelalterlich-christliche Auffassung frei von Rassismus gewesen sei, da sie die Heiden als potentielle Konvertiten betrachtet habe. Meine Position teilt Deighton, 1959, Vol. 1, S. 15-25. Auch die protestantischen Reformationsbemühungen sind nicht frei von Proto-Rassismus. Vgl. z.B. Luthers Schriften über die Juden und Türken. Im Rassismus enthaltene gesellschaftliche Ungleichheitsstrukturen können durch Luthers Zwei-Reiche-Lehre grosso modo legitimiert werden.
114 Vgl. dazu Dux, 1982, S. 278ff.
115 Vgl. Bergman, Bergman, 1969, S. 2ff.
116 Mohren als Heiden mit besonders niedrigem Status kannte die Kirche schon vorher. Las Casas dürfte sich darauf bezogen haben.
117 Die Ausblendung des schwarzen Widerstandes gehört mit zur Etablierung jenes rassistischen Weltbildes moderner Art, wie es das 19. Jahrhundert schließlich kennt. Fehlende bzw. spärliche historische Kenntnisse darüber sind m.E. unter dieser analytischen Annahme zu lesen.
118 Vgl. z.B. Lewis 1971, S. 27f.; Detweiler, S. 741: "Auf diese Weise standen Juden, Türken und Heiden gegen das christliche Europa und dienten als Vorläufer des Konzeptes der fremden Rassen".
119 Innenpolitische, das heißt in sozialen Auseinandersetzungen wurzelnde Ursachen für die Entwicklung und Ausdifferenzierung des Rassenbegriffs betont Banton 1977, z.B. S. 15ff. und erweitert so enge ökonomische Interpretationen, die im Gefolge von Adam Smith ("ursprüngliche Akkumulation") und Karl Marx ("primitive Akkumulation") die Entwicklung der Institution Sklaverei mit der kapitalistischen Entwicklung parallelisieren. Ich glaube, daß politische, ökonomische wie kulturelle Faktoren eine Rolle spielen. Meinem Ansatz getreu versuche ich eine breite, kulturelle Interpretation zu geben. Zum politischen Ansatz vgl. Banton 1977; zum ökonomischen Ansatz, der Klasse und Rasse zusammen zu deuten versucht vgl. Cox 61970, insb. S. 325ff. Für die anthropologische Diskussion vgl. Jordan, 1968.
120 Vgl. so auch Cox, 1970, S. 327; Bitterli, 1976, S. 174.
121 Vgl. Banton, 1977, S. 15ff. für England.
122 Vgl. Bitterli, 1976, S. 327ff.
123 Buffon, 1954, S. 313.
124 Vgl. Casson, 1939, S. 114ff.
125 Erst der Darwinismus klärt diese Problematik, wiewohl auch heute noch monogenetische Positionen vertreten werden. So z.B. von dem fundamentalistischen Flügel der neuen Rechten in den USA.
126 Bitterli, 1976, S. 329.
127 Der ewige Jude entsteht aus einem Wandel der religiösen Auffassungen. Die thomistische Auffasung der Offenbarungslehre, nach der ein Mensch von Natur aus offenbarungsfähig ist, mußte zurückgedrängt werden. Indem Gott nur

zu ausgewählten Menschen spricht, die Juden davon prinzipiell ausgeschlossen werden, entsteht die dogmatische Verengung schon auf dem Boden der christlichen Lehre, die zugleich den Grund für die soziale Ausschließung liefert.

128 Vgl. Banton 1977, S. 11.

129 Osborne, 1971, S. 165. Systematischer ebenfalls Guillaumin, 1972, insbes. S. 161ff.

130 Vgl. hierzu Dux, 1982, S. 275ff.

131 Ds., a.a.O., S. 282.

132 Ds., a.a.O., S. 281.

133 Vgl. Barzun, 1965, S. 35ff.

134 Vgl. nahezu für alle Autoren, Banton, 1967, S. 17.

135 Seit 1684 hatte der französische Naturwissenschaftler Bernier verschiedene Gruppen von Menschen, von Rassen unterschieden; vgl. Barzun, 1965.

136 Groiss, 1978, S. 357f. Zur Wertungsproblematik vgl. auch Baker 1974, S. 24, der Linnés Klassifikationen als "eine Kuriosität in der Wissenschaftsgeschichte" (S. 24) bezeichnet und sich damit eine bestimmte Auffassung der Wissenschaftsgeschichte, nämlich jene des Fortschritts, schon zu eigen macht.

137 Für Sorokin gehört diese Thematik noch zum Grundstock soziologischen Räsonnements. In seinem Standardwerk von 1928 spielt die Anknüpfung der Soziologie an biologischen und anthropo-rassistischen Grundannahmen zur Schuleneinteilung noch eine zentrale Rolle. Heute jedoch spielt dieser Strang soziologischen Denkens im, dem Fortschritt verpflichteten Weltbild der "mainstream"-Soziologie angeblich keine Rolle mehr. Dagegen Dittrich, 1988.

138 Eine kleine Auswahl bietet Geiss 1988, S. 142ff.

139 Das scheint um so bedeutsamer, als Linné noch an ein unentdecktes, konkretes Bindeglied zwischen Mensch und Tier glaubte: den "monstrosus".

140 Zur Fortentwicklung im einzelnen vgl. Baker 1974, S. 24ff.; Banton, 1967, S. 17ff.

141 Vgl. "Die Religion in Geschichte und Gegenwart", Bd. 2, S. 703.

142 Die Auswahl der Autoren erfolgt nach dem Gesichtspunkt, ob der Zusammenhang, den es zu erläutern gilt, deutlich vorhanden ist. Auf die Behandlung von Voltaire, Rousseau und Condorcet wurde verzichtet, weil Bitterli, 1976, auf diese bereits eingegangen ist. Vgl. auch Geiss 1988, S. 150 zu Voltaire.

143 Maier, 1968, Bd. 1, S. 360. Ich zit. Hobbes nach "Vom Menschen - vom Bürger", 21966.

144 Vgl. Habermas, 41971, bes. S. 67ff.

145 Habermas, 1971, S. 70f. Zum Begriff des Naturzustandes vgl. Macpherson, 1973, S. 34ff. Ich gehe hier und im Folgenden nicht darauf ein, daß Hobbes' oder auch Lockes politische Theorie als Markttheorie zu lesen ist, als theoretischer Ausdruck des sich entwickelnden Kapitalismus.

146 Macpherson, 1973, S. 45 und S. 60. Vgl. dazu grundsätzlich auch Neuendorff, 1973, S. 32ff., hier S. 34. Das Programm der Hobbesschen Staatsphilosophie ergibt sich aus der Verfahrenslogik seiner Methode: "Alle menschlichen Körper haben eine gleiche Grundstruktur, durch die die Art ihrer Handlungswei

sen festgelegt ist". Neuendorff 1973, S. 47.

147 Macpherson, 1973, S. 105.

148 Enzyklopädisten begründen als erste die "physique sociale", eben jene Vorstellung von der Erarbeitung von Erkenntnissen über soziale Prozesse in Analogie zu jenen außermenschlicher Natur. Lamettries "L'homme machine" impliziert die Übertragung der Mechanistik von Descartes Maschinentheorie auf gesellschaftliche Vorgänge. Prinzipiell besteht zwischen Tier und Mensch kein Unterschied. Methodisch sind die Formen der Vergesellschaftung an den Gesetzen der Physik anzubinden. Vgl. Landmann 1962, S. 241.

149 John Locke wird sie weiter ausdifferenzieren, ohne die Sozialphysik zu überwinden. Vgl. Euchner, 1968, S. 1ff. sowie Macpherson, 1973, S. 219ff. und Capra, 21983, S. 69f. Macpherson hat als erster Hobbes-Interpret beides zusammengedacht, die physiologischen Postulate und seine Staatstheorie. Vgl. Neuendorff, 1973, S. 50.

150 Hobbes, 1960, S. 162.

151 Vgl. ds., a.a.O., S. 163.

152 Vgl. ds., a.a.O., S. 165.

153 Hobbes, 1965, S. 44.

154 Mayer, 1977, S. 13.

155 Wie weit hier auch eine Befriedungsstrategie nach innen als funktionales Element des Diskurses in Frage kommt, möchte ich nicht klären. Den Rassismus auch als verschobene Klassenproblematik zu denken, kann aber nicht völlig von der Hand gewiesen werden.

156 Neuendorff, 1973, S. 32f. spricht von der resolutiv-kompositiven Methode.

157 Interessant bei Buffon auch die Begründung der Einehe als Naturgesetz: Vgl. Buffon, 1954, die Kapitel: "De l'homme" und "De la Puberté".

158 Lavater, Bd. 1, S. 33.

159 Vgl. Bitterli, 1976, S. 367.

160 Vgl. ds., a.a.O., S. 358.

161 Vgl. ds., a.a.O., S. 364.

162 Montesquieu, 1951, Bd. 1, S. 11. In der Einleitung dieses Kapitels habe ich von einer Unterströmung gesprochen, mit gutem Grund. Montesquieu beispielsweise mit seiner erkenntnistheoretischen Position hat intellektuelles Instrumentarium für den modernen, wissenschaftlichen Rassismus geliefert und war als praktischer Mensch zugleich Gegner der Sklaverei.

163 Vgl. Falk, 1968, S. 64.

164 Vgl. so auch Buffon 1954; Montesquieu 1953, Bd. 1, S. 310ff. Beide Autoren nehmen damit einen Grundgedanken Aristoteles auf, nämlich die Klimatheorie. Sie diente bei diesem zur Erklärung der Vorherrschaft der Griechen.

165 Montesquieu, 1951, S. 311. Ich arbeite im Folgenden einen Strang der Argumentation heraus; insgesamt ist insbes. der Gesetzesbegriff widersprüchlich: vgl. Falk 1968, S. 64ff.

166 Vgl. Montesquieus "Lettres persanes".

167 Montesquieu, 1951, S. 316.

168 Montesquieu, 1951, Bd. 1, S. 332. Der Gang der Argumentation beginnt S. 329ff.

169 Ds., a.a.O., S. 336.

170 Ds., a.a.O., S. 334.

171 Ds., a.a.O., Bd. 2, S. 25.

172 Ds., a.a.O., Bd. 1, S. 337.

173 Ds., Esprit des lois, Bd. 2, S. 292. Zit. nach Falk, 1968, S. 69.

174 Ds., 1951, Bd. 1, S. 377.

175 Dover, 1952, S. 126. Dagegen geradezu unerträglich in der Ausblendung all dessen, was er nicht als "... Anliegen des einem christlichen Humanismus verpflichtetem abendländischen Staatsdenkens ..." betrachtet Imboden, 1959, S. 3. In der gleichen Tradition von Fortschrittsgläubigkeit und selektiver politischer Ideengeschichte steht Forsthoffs Einleitung zu dem zweibändigen Werk von Montesquieu, 1951, Bd. 2. Auch die Interpretation von Detweiler, 1932, S. 743 teile ich wie Dover, 1952 nicht.

176 Herder, 1952. Herder übernimmt Montesquieus Grundargumente, vgl. Bd. 1, Gedanken bei Lesung Montesquieus, S. 319ff. Zur Sprachphilosophie vgl. Bd. 1, S. 336ff. und Bd. 2. Das Studium unterschiedlicher Sprachen wird modern. Franz Boops vergleichende Grammatik erscheint 1833 in Berlin und begründet die lange Tradition einer Argumention, die der arischen Rasse Überlegenheit wegen deren Sprache attestiert. Zu Herder vgl. auch Lovejoy, 1968, S. 207ff. Insgesamt vgl. Römer, 1985.

177 "... Er (Gott, Hervorhebung E.J.D.) legte das principium eigener Wirksamkeit in ihn und setzte solches durch innere und äußere Bedürfnisse seiner Natur von Anfang an in Bewegung."

178 Herder, 1952, Bd. 1, S. 431.

179 Vgl. insbes. Herder, 1942, Bd. 2, S. 9ff., S. 446.

180 Vgl. ds., a.a.O., S. 569.

181 Ds., a.a.O., S. 650.

182 Ds., a.a.O., S. 482.

183 Kant, 1964, Bd. 6, S. 687f. Dieser Band enthält auch Kants 1775er Aufsatz "Von den verschiedenen Rassen der Menschen" sowie den Aufsatz "Bestimmung des Begriffs einer Menschenrasse", wo er sich systematisch mit dem hier interessierenden Thema beschäftigt.

184 Kant, 1964, S. 39. Vgl. Lovejoy, 1968.

185 Kant, 1964, S. 22, 23, 27. Falsch die Einschätzung bei Geiss, 1988, S. 150, der Kants Rassenvorstellungen keine moralischen, das heißt, latent rassistischen Bewertungen unterstellt. Er sieht eine Traditionslinie von Bernier bis Kant, die ohne Wertungen auskomme. M.E. wird er der Ambivalenz zumindest der Aufklärer in dieser Frage nicht gerecht, die er einzig für Voltaire als Problem darstellt.

186 Kant, 1964, S. 22.

187 Hume, 1964, S. 252.

188 Ansätze sind zu finden bei Schmitt-Egner, 1976, S. 350ff.

189 Vgl. Neuendorff, 1971, S. 41.

190 Eine Denkfigur schließe ich von vornherein aus, nämlich daß aufklärerisches Denken konsequenzenlos für die kolonialistische Expansion gewesen sei.
191 So auch Poliakov, 1968, S. 224: "... Die Wissenschaften vom Menschen machten ihre ersten unbeholfenen Schritte und lieferten dem Rassismus einen konzeptionellen Rahmen, der zu einem wissenschaftlichen Zeitalter paßte."
192 Vgl. Banton, 1977, S. 18.
193 Foucault, 1977, S. 169f. Wenn von Naturwissenschaften geredet wird, so sind auch jene sozialwissenschaftlichen Theorien eingeschlossen, die sich in Analogie zu den Naturwissenschaften definieren.
194 Foucault, 1977, S. 168.
195 Ds., a.a.O., S. 168.
196 Vgl. Dux, 1982, S. 284.
197 Vgl. beispielhaft von zur Mühlen, 1977, S. 96ff., der die nationalistischen Rassentheorien à la Gobineaux u.a. sowie die sozialdarwinistisch-evolutionistischen schließlich in synkretistische Rassenlehren einmünden sieht.
198 Vgl. als Überblick die Arbeit von Marten, 1983.

Anmerkungen zu Kapitel 4:

1 Von zur Mühlen, 1977, S. 132.
2 Dux, 1982, S. 284.
3 Vgl. ds., a.a.O., S. 288.
4 Ds., a.a.O., S. 295.
5 Vgl. Beck, 1986, S. 107.
6 Dem entspricht annäherungsweise Parkin, 1983, S. 121ff.

Literaturverzeichnis

Acock, A.C., DeFleur, M.C., 1972, A Configurational Approach to Contingent Consistency in the Attitude-Behavior Relationship, in, American Sociological Review, Vol. 37, Dec.

Allport, G., 1958, The Nature of Prejudice, New York.

Alvarez, R., Lutterman, K.G., and Associates, 1979, Discrimination in Organizations, San Francisco, Washington, London.

Alvarez, R., 1979, Institutional Discrimination in Organizations and their Environment, in, R. Alvarez, K.G. Lutterman, and Associates, Discrimination in Organizations, San Francisco, Washington, London.

Andrisani, P.J., 1973, An Empirical Analysis of the Dual Labor Market Theory, Ph.D. Thesis, Dept. of Business Administration, Ohio State University.

Antonovsky, A., 1960, The Social Meaning of Discrimination, in, Phylon, Vol. 21, Spring.

Aptheker, H., 1969, Organizational Activities of Southern Negroes, in, ds., To be Free: Pioneering Studies in Afro-American History, New York.

Ariès, Ph., Béjin, A., 1984, Hrsg., Die Masken des Begehrens und die Metamorphosen der Sinnlichkeit, Frankfurt.

Aristoteles, 1953, Hauptwerke, ausgewählt und eingeleitet von W. Nestle, Stuttgart.

-, 1953, Die Metaphysik als Wissenschaft, in, ds., Hauptwerke, ausgewählt und eingeleitet von W. Nestle, Stuttgart.

-, 1953, Politik, in, ds., Hauptwerke, ausgewählt und eingeleitet von W. Nestle, Stuttgart.

-, 1953, Aus der ältesten Politik, in, ds., Hauptwerke, ausgewählt und eingeleitet von W. Nestle, Stuttgart.

Auernheimer, G., 1988, Der sogenannte Kulturkonflikt, Frankfurt.

Aus der Kindheit eines Proletariermädchens, 1929, Aufzeichnungen einer neunzehnjährigen Selbstmörderin über ihre ersten zehn Lebensjahre, in, Zeitschrift für psychoanalytische Pädagogik, 3. Jg.

Bade, K., Hrsg., 1984, Auswanderer, Wanderarbeiter, Gastarbeiter: Arbeitsmarkt und Wanderung in Deutschland seit der Mitte des 19. Jahrhunderts, 2 Bde., Ostfildern.

Baer, A.S., 1973, Heredity and Society, Readings in Social Genetics, New York.

Baker, J.R., 1974, Race, London, New York, Toronto.

Banton, M., 1967, Race Relations, London u.a.

-, ^{2}1969, Race Relations, London u.a.

-, 1977, The Idea of Race, Cambridge.

Barth, F., 1969, Ed., Ethnic Groups and Boundaries, Boston.

Barzun, J., 1965, Race: A Study in Superstition, New York, Evanston, London.

Beck, U., Brater, M., 1976, Grenzen abstrakter Arbeit, in, Leviathan.

Beck, U., Brater, M., Daheim, H., 1980, Soziologie der Arbeit und der Berufe, Reinbek.

Beck, U., 1986, Risikogesellschaft, Frankfurt.

Becker, G.S., 21971, The Economics of Discrimination, Chicago.

Benokraitis, N., Feagin, J., 1977, Institutional Racism: A Perspective in Search of Clarity and Research, in, Ch.V. Willie, Ed., Black Brown White Relations, Race Relations in the 1970s, New Brunswick.
Berger, H., 1990, Vom Klassenkampf zum Kulturkonflikt, in, E. Dittrich, F.-O. Radtke, Hrsg., Ethnizität, Wissenschaft und Minderheiten, Opladen.
Berger, P.L., 1969, Einladung zur Soziologie, Olten und Freiburg.
Berger, P.L., Berger, B., Kellner, H., 1975, Das Unbehagen in der Modernität, Frankfurt, New York.
Berghe, P.L., ^{2}1978, Race and Racism: A Comparative Perspective, New York.
Bergman, P.M., Bergman, M.N., 1969, The Chronological History of the Negro in America, New York.
Bitterli, U., 1976, Die "Wilden" und die "Zivilisierten", München.
Blauner, R. 1972, Racial Oppression in America, New York.
Blumer, H., 1960, Race Prejudice as a Sense of Group Position, in, Pacific Sociological Review, Vol. 1, Spring.
Blumrosen, A., 1971, Black Employment and the Law, New Brunswick.
Boltan, L., 1976, Die soziale Verwendung des Körpers, in, Zur Geschichte des Körpers: Perspektiven der Anthropologie, München, Wien.
Bonacich, E., 1972, A Theory of Ethnic Antagonism, in, American Sociological Review, Vol. 37.
Borneman, E., 1975, Das Patriarchat: Ursprung und Zukunft unseres Gesellschaftssystems, Frankfurt.
Boudon, R., 1979, Widersprüche sozialen Handelns, Darmstadt, Neuwied.
Bourdieu, P., 1982, Die feinen Unterschiede, Frankfurt.
Brigham, J.C., 1971, Racial Stereotypes, Attitudes, and Evaluations, in, Sociometry, Vol. 34.
Brumlik, M., 1980, Fremdheit und Konflikt-Programmatische Überlegungen zu einer Kritik der verstehenden Vernunft, in, Kriminologisches Journal, H. 4.
Buffon, G.L.L. Comte de, 1954, L'Histoire naturelle générale et particulière avec la Description du Cabinet du Roy, Paris (Imprimerie Royale 1749), Nachdruck in ds., Oevres philosophiques, Tome XLI, 1, publié par R. Bayer, Paris.
Bukow, W.-D., Llaryora, R., 1988, Mitbürger aus der Fremde, Opladen.
Butler, J.S., 1978, "Institutional Racism: Viable Perspective or Conservative Bogey?", in, The Black Sociologist, Vol. 7, No. 3/4.
Carmichael, S., Hamilton, Ch.V., 1968, Black Power, Stuttgart.
Caro, G., 1964, Sozial- und Wirtschaftsgeschichte der Juden im Mittelalter und der Neuzeit, Bd. 1, Das frühe und das hohe Mittelalter, Hildesheim (reprographischer Nachdruck der ^{2}1924 in Frankfurt erschienen Ausgabe).
Casson, St., 1939, The Discovery of Man: The Story of the Inquiry into Human Origins, New York.
Castles, St., 1987, Migration und Rassismus in Westeuropa, Berlin.
Clark, K., 1964, Youth in the Ghetto, New York.
Cox, O.C., 1970, Caste, Class & Race, New York, London.
Cruse, H., 1968, Rebellion or Revolution, New York.
Dawkins, R., 1976, The Selfish Gene, Oxford.

DeFleur, M.L., Westie, F.R., 1958, Verbal Attitudes and Overt Acts, in, American Sociological Review, Vol. 23, Dec.
Deighton, H.S., 1959, History and the Study of Race Relations, in, Race, Vol. 1.
Detweiler, F.W., 1932, The Rise of Modern Race Antagoism, in, American Journal of Sociology, Vol. 37.
Die Religion in Geschichte und Gegenwart, 31957, Handwörterbuch für Theologie und Religionswissenschaft, Tübingen.
Dittrich, E., 1980, Arbeiterbewegung und Arbeiterbildung im 19. Jahrhundert, Bensheim.
-, 1988, Rezepte für alle Lebenslagen, Zur Kritik der Soziobiologie, in, Forum Wissenschaft, H. 3.
-, 1989, Ausländer und Arbeitsmarkt seit dem Kaiserreich, in, Universität Bielefeld, Fakultät für Soziologie/Zentrum für Lehrerbildung, Nationalstaat und multikulturelle Gesellschaft, Bielefeld (hektographiert).
-, Radtke, F.-O., Hrsg., 1990, Ethnizität. Wissenschaft und Minderheiten, Opladen.
Dobzhansky, Th., ^{3}1969, Genetics and the Origin of Species, New York, London.
-, 1970, Genetics of the Evolutionary Process, New York, London.
Dohse, D., 1981, Ausländische Arbeiter und bürgerlicher Staat, Königstein.
Dover, C., 1952, The Racial Philosophy of Johann Herder, in, British Journal of Sociology, Vol. 3.
-, 1952, The Racial Philosophie of Jehuda Halevi, in, Phylon, Jg. 13.
-, 1952, The Racial Philosophy of Ibn Khaldun, in, Phylon, Jg. 13.
Downs, A., 1970, Racism in America and How to Combat It, Washington.
Dunn, L.C., Dobzhansky, Th., 1970, Vererbung, Rasse und Gesellschaft, Frankfurt (erstmals 1946!).
Dux, G., 1982, Die Logik der Weltbilder, Frankfurt.
Edelman, M., 1976, Politik als Ritual, Frankfurt, New York.
Eder, K., 1976, Die Entstehung staatlich organisierter Gesellschaften: Ein Beispiel zu einer Theorie sozialer Evolution, Frankfurt.
Eisenstadt, S.N., 1979, Tradition, Wandel, Modernität, Frankfurt.
Euchner, W., 1968, John Locke, in, H. Maier, H. Rausch, H. Denzer, Hrsg., Klassiker des politischen Denkens, 2 Bde., München.
Ewens, W.L., Ehrlich, H.J., 1972, Reference-Other-Support and Ethnic Attitudes as Predictors of Intergroup Behavior, in, Sociological Quarterly, Vol. 13, Summer.
Falk, B., 1968, Montesquieu, in, H. Maier, H. Rausch, H. Denzer, Hrsg., Klassiker des politischen Denkens, 2 Bde., München.
Feagin, J.R., Feagin, C.B., 1978, Discrimination American Style, Englewood Cliffs.
Foucault, M., 1979, Sexualität und Wahrheit, Frankfurt.
Geiss, J., 1988, Geschichte des Rassismus, Frankfurt.
Glazer, N., 1975, Affirmative Discrimination, New York.
Gordon, M.M., 1964, Assimilation in American Life, New York.
Gossett, T.F., 1965, Race: The History of an Idea in America, New York.
Gould, St.J., 1977, Ontogeny and Phylogeny, Cambridge, Mass.
-, 1988, Der falsch vermessene Mensch, Frankfurt.

Gouldner, A., 1974, Die Krise der westlichen Soziologie, Reinbek.
Griese, H.M., Hrsg., 1984, Der gläserne Fremde, Opladen.
-, 1984, Kritisch-exemplarische Überlegungen zur Situation und Funktion der Ausländerforschung und einer verstehenden Ausländerpädagogik, in, ds., Hrsg., Der gläserne Fremde, Opladen.
Groiss, J.Th., 1978, Die Evolution der Hominiden, in, R. Siewing, Hrsg., Evolution, Stuttgart, New York.
Günther, H., 1930, Rassenkunde des jüdischen Volkes, München.
Guillaumin, C., 1972, L'idéologie raciste, Paris, La Haye.
Habermas, J., 41971, Die klassische Lehre von der Politik in ihrem Verhältnis zur Sozialphilosophie, in, ds., Theorie und Praxis, Neuwied, Berlin.
-, 1976, Können komplexe Gesellschaften eine vernünftige Identität ausbilden? In, ds., Zur Rekonstruktion des Historischen Materialismus, Frankfurt.
-, 1981, Theorie des kommunikativen Handelns, 2 Bde., Frankfurt.
Haeckel, E., [9]1898, Natürliche Schöpfungs-Geschichte, Berlin.
Hamburger, F., 1984, Erziehung in der Einwanderungsgesellschaft, in, H. M. Griese, Der gläserne Fremde, Opladen.
Heaton, H., 1936, Economic History of Europe, New York.
Hechter, M., 1975, Internal Colonialism, London.
Heckmann, F., 1981, Die Bundesrepublik: Ein Einwanderungsland, Stuttgart.
-, 1987, Theoretische Positionen der Forschung über Arbeitsmigranten in der Bundesrepublik, in, Deutsches Jugendinstitut, Hrsg., Ausländerarbeit und Integrationsforschung, München.
Herder, J.G., 1952, Zur Philosophie der Geschichte: Eine Auswahl in zwei Bänden, Berlin.
Hobbes, Th., 1965, Leviathan or the Matter, Form, and Power of a Commonwealth, Eccleasiastical and Civil, New York, London.
-, [2]1966, "Vom Menschen - vom Bürger", eingeleitet und herausgegeben von G. Gawlick, Hamburg.
Hoffmann, L., Even, H., 1984, Soziologie der Ausländerfeindlichkeit, Weinheim, Basel.
Hopkins, K., 1968, Slavery in Classical Antiquity, in, A. de Reuck, J. Knight, Eds., Caste and Race, London.
Hume, D., 1964, Of National Characters, in, ds., The Philosophical Works, ed. by Th. H. Green, Th. H. Grose, 4 Vols., Reprint of the New Edition London 1882, Vol. 3, Aalen.
Imboden, M., 1959, Montesquieu und die Lehre der Gewaltentrennung, Berlin.
Inglehart, R., 1977, The Silent Revolution, New Jersey.
Isaac, J. 1956, Génèse de l'Antisémitisme, Paris.
Jacob, F., 1981, Biologie - Racism - Hiérarchie, in, Pour Léon Poliakov, Le racisme, mythes et sciences, sous la direction de Maurice Olender, Bruxelles.
Jacquard, A., 1981, A la recherche d'un contenu pour le mot "race", La réponse du généticien, in, Pour Léon Poliakov, Le racism, mythes et science, sous la direction de Maurice Olender, Bruxelles.

Jeay, M., 1981, Albert le Grand entre Aristote et Freud: La femme est-elle un acte manqué? In, Pour Léon Poliakov, Le racism, mythes et science, sous la direction de Maurice Olender, Bruxelles.

Kalpaka, A., Räthzel, N., 1986, Wirkungsweisen von Rassismus und Ethnozentrismus, in, ds., Hrsg., Die Schwierigkeit, nicht rassistisch zu sein, Berlin.

Kant, J. 1964, Schriften zur Anthropologie, Geschichtsphilosophie, Politik und Pädagogik, in, ds., Werke in 6 Bänden, herausgegeben von W. Weischedel, Frankfurt.

Kanter, R.M., 1979, Differential Access to Opportunity and Power, in, Alvarez, Lutterman, and Associates, Discrimination in Organizations, San Francisco, Washington, London.

Kinloch, G., 1974, The Dynamics of Race Relations, New York.

Kisch, G., 1949, Jewry-Law in Medieval Germany, American Academy for Jewish Research, Texts and Studies, Vol. 3, New York.

-, 1980, Nationalism und Race in Medieval Law, in, ds., Forschungen zur Rechts- und Sozialgeschichte des Mittelalters, Sigmaringen.

Knowles, L.L., Prewitt, K., Ed., 1969, Institutional Racism in America, Englewood Cliffs.

Köpping, K.-P., 1982, Rationalität und wissenschaftliche Methode: Der Ethnologe als berufsmäßiger Fremder, Vorlage anläßlich des Symposiums "Die Aktualität Georg Simmels, 24.-26. Juni im Zentrum für Interdisziplinäre Forschung der Universität Bielefeld, Bielefeld.

Kohn, H., 1950, Race, in, Encyclopaedia of the Social Sciences, Vol. 13, New York.

Landmann, U., 1962, De Homine, Freiburg.

Lavater, J.C., 1968, Physiognomische Fragmente: Zur Beförderung der Menschenkenntnis und Menschenliebe, Bd. 1, Zürich (Reproduktion der Ausgabe von 1775).

Leiris, M., ^{2}1969, Race and Culture, in, Race and Science, The Race Question in Modern Society, wiederabgedruckt in ds., ^{2}1979, Die eigene und die fremde Kultur, Frankfurt.

Lévi-Strauss, C., ^{2}1969, Race and History, in, Race and Science, The Race Question in Modern Society, New York.

-, 1972, Rasse und Geschichte, Frankfurt.

Lewis, B., 1971, Race and Colour in Islam, New York.

Lieberson, St., 1980, A Piece of the Pie: Blacks and White Immigrants since 1880, Berkeley, Los Angeles, London.

Lovejoy, A.O., 1968, Herder: Progressionism without Transformism, in, B. Glass, O. Temkin, W. Straus, Jr., Hrsg., Forerunners of Darwin 1745-1859, Baltimore.

Lovejoy, B.O., 1968, Kant and Evolution, in, B. Glass, D. Temkin, W.L. Straus, Jr., Forerunners of Darwin 1745-1859, Baltimore.

Luhmann, N., 1978, Soziologie der Moral, in, ds., St. H. Pfürtner, Hrsg., Theorietechnik und Moral, Frankfurt.

-, 1982, Funktion der Religion, Frankfurt.

Macpherson, C.B., 1973, Die politische Theorie des Besitzindividualismus, Frankfurt.
Maier, H., 1968, Hobbes, in, H. Maier, H. Rausch, H. Denzer, Hrsg., Klassiker des politischen Denkens, 2 Bde., München.
Marten, H.-G., 1983, Sozialbiologismus: Biologische Grundpositionen der politischen Ideengeschichte, Frankfurt, New York.
Marx, K., o.J., Grundrisse der Kritik der politischen Ökonomie, Frankfurt, Wien.
-, 1968, Das Kapital, Bd. 1, Berlin.
-, Engels, F., 1969, Die deutsche Ideologie, in, ds., Werke, Bd. 3, Berlin.
Mayer, H., 1977, Außenseiter, Frankfurt.
Merton, R.K., 21970, Discrimination and the American Creed, in, Rose, P.I., The Study of Society, New York.
Meuschel, S., 1981, Kapitalismus oder Sklaverei: Die langwierige Durchsetzung der bürgerlichen Gesellschaft in den USA, Frankfurt.
Montagu, A., 1964, The Concept of Race, London.
Montesquieu, 1951, Vom Geist der Gesetze, herausgegeben von E. Forsthoff, 2 Bde., Tübingen.
Moore, J.W., 1978, American Minorities and "New Nation" Perspectives, in, F.J. Davies, Understanding Minority - Dominant Relations, Arlington, Heights, Ill.
Mühlen, von zur, P., 1977, Rassenideologien, Bonn-Bad Godesberg.
Myrdal, G. 1964, An American Dilemma, New York.
-, ^{2}1975, Das Verhältnis zwischen Sozialwissenschaft und Sozialpolitik, in, ds., Das Wertproblem in der Sozialwissenschaft, Bonn-Bad Godesberg.
Nestle, W., 1953, Einleitung. In: Aristoteles, Hauptwerke. Ausgewählt und eingeleitet von W. Nestle, Stuttgart.
Neuendorff, H., 1973, Der Begriff des Interesses, Frankfurt.
Nikolinakos, M., 1973, Politische Ökonomie der Gastarbeiterbeschäftigung, Reinbek.
Oettermann, St., 1979, Zeichen auf der Haut: Die Geschichte der Tätowierung in Europa, Frankfurt.
Olson, J.S., 1979, The Ethnic Dimension in American History, New York.
Osborne, R.H., 1971, The History and Nature of Race Classification, in, ds., Ed., The Biological and Social Meaning of Race, San Francisco.
Park, R.E., 1950, Race and Culture, New York, London.
Parkin, F., 1974, Strategies of Social Closure in Class Formation, in, ds., The Social Analysis of Class Structure, London.
-, 1983, Strategien sozialer Schichtung und Klassenbildung, in, R. Kreckel, Hrsg., Soziale Ungleichheiten, Sonderband 2 der Sozialen Welt, Göttingen.
Parsons, T., Clark, K.B., Ed., 1965, The Negro American, Boston.
-, T., 1975, Some Theoretical Considerations on the Nature and Trends of Change of Ethnicity, in, N. Glaser, B.P. Moynihan, Ed., Ethnicity, Cambridge, Mass, London.
Perlo, U., 1975, Economics and Racism, New York.
Pirenne, H., 1951, Histoire économique d'occident mèdiéval, Bruges.

PIT (Projekt Ideologie-Theorie), Haug, W.F., u.a. 1979, Theorien über Ideologie, Argument Sonderband 40, Berlin.
Poliakov, L., 1977, Geschichte des Antisemitismus, Bd. 2, Von der Antike bis zu den Kreuzzügen, Worms.
-, Delacampagne, Ch., Girard, P., 1979, Über den Rassismus, Stuttgart.
Rebérioux, M., 1969, Préhistoire et Histoire du Racisme, in, P. de Comarmond, u.a., Racisme et Société, Paris.
Reuck, A. de, Knight, J., 1968, Caste and Race, London.
Rex, J., 1970, Race Relations in Sociological Theory, London.
Römer, R., 1985, Sprachwissenschaft und Rassenideologie in Deutschland, München.
Rose, A., 2 1969, The Roots of Prejudice, in, Race and Science: The Race Question in Modern Society, New York.
Saller, K., 1969, Rassengeschichte des Menschen, Stuttgart.
Schmitt-Egner, P., 1976, Wertgesetz und Rassismus: Zur begrifflichen Genesis kolonialer und faschistischer Bewußtseinsformen, in, H.-G. Backhaus, u.a., Hrsg., Gesellschaft, Beiträge zur Marxschen Theorie, 8/9, Frankfurt.
Schneider, H., 1983, Die antike Sklavenwirtschaft: Das Imperium Romanum, in, ds., Hrsg., Geschichte der Arbeit, Frankfurt, Berlin, Wien.
Sennett, R., 1983, Verfall und Ende des öffentlichen Lebens: Die Tyrannei der Intimität, Frankfurt.
-, 1983, Die intime Gesellschaft und das Ende der öffentlichen Kultur, in, Freibeuter, H. 15.
Shibutani, T., Kwan, K.M., 1965, Ethnic Stratification: A Comparative Approach, New York, London.
Siewing, R., 1978, Evolution, Stuttgart, New York.
Simpson, G.E., Yinger, M.J., 1970, Racial and Cultural Minorities, New York.
Sombart, W., 1919, Der moderne Kapitalismus, Bd. 1, München.
Sorokin, P., 1928, Contemporary Sociological Theories, New York, London.
Sowell, Th., 1978, Essays and Data on American Ethnic Groups, Washington, D.C.
-, 1978, Ethnicity in a Changing America, in, Daedalus, Winter.
-, 1981, Ethnicamerica, New York.
Spencer, H., 31895, The Principles of Sociology, New York.
Ste Croix, G.F.M. de, 1975, Early Christian Attitudes to Property and Slavery, in, Studies in Church History, Vol. 12, Cambridge.
-, 1981, The Class Struggle in the Ancient Greek World: From the Archaic Age to the Arab Conquest, London.
Tawney, H.R., 1940, Religion and the Rise of Capitalism, Harmondsworth.
Thompson, E.P., 1968, The Making of the English Working Class, Harmondsworth u.a.
Thomson, G., 1974, Die ersten Philosophen, 2 Bde., Berlin.
Thurow, L., 1969, Poverty and Discrimination, Washington.
Toulmin, St., 1978, Kritik der kollektiven Vernunft, Frankfurt.
Toynbee, A.J., 1934, A Study of History, 3 Vols., Oxford.

Treibel, A., 1987, Engagement und Distanzierung in der westdeutschen Ausländerforschung. Überarbeitete Fassung der Dissertation "Soziologie zwischen Engagement und Distanzierung" an der Ruhr-Universität Bochum, Fakultät für Sozialwissenschaften, Bochum.

Tsiakalos, G., 1983, Ausländerfeindlichkeit, München.

Tumin, M.M., 1973, Patterns of Society, Boston.

Vernant, J.-P., 1982, Die Entstehung des griechischen Denkens, Frankfurt.

Warner, L.G., Dennis, R.M., 1970, Prejudice Versus Discrimination: An Empirical Example and Theoretical Extension, in, Social Forces, Vol. 48.

Weber, M., 1924, Die sozialen Gründe des Untergangs der antiken Kultur, in, ds., Gesammelte Aufsätze zur Sozial- und Wirtschaftsgeschichte, Tübingen.

Weber, M., 1956, Wirtschaft und Gesellschaft, Köln, Berlin.

-, 1968, Soziologie, Weltgeschichtliche Analysen, Politik, Stuttgart.

Weingart, P., Kroll, J., Bayertz, K., 1988, Rasse, Blut und Gene, Frankfurt.

Wellman, D.M., 1977, Portraits of White Racism, Cambridge.

White House Targets. Affirmative Action Plans for Federal Contractors, 1985, in, Labor Notes, Sept.

Williams, R.M. Jr., 1966, Prejudice and Society, in, J.P. Davies, Ed., The American Negro Reference Book, Englewood Cliffs.

Wilpert, C., 1984, International Migration and Ethnic Minorities, in, Current Sociology, H. 3.

Wright, N., Jr., 1970, 20 Tasks for White People, in, B. Schwartz, R. Disch, Ed., White Rasism, New York.

Zubaida, S., 1970, Introduction, in, ds., Ed. Race and Racialism, London.